Wie man aufhört, zu viel zu denken

27 bewährte Methoden, um dein ängstliches Gehirn neu zu verkabeln, deine Gedanken zu beruhigen, dir keine Sorgen mehr zu machen und glücklich zu sein

Layla Moon

Inhaltsverzeichnis

Inhaltsverzeichnis

Deine KOSTENLOSEN Geschenke

Um dir auf deinem spirituellen Weg zu helfen, habe ich 4 GRATIS-Bonus-E-Books erstellt.

Du bekommst sofort Zugang, wenn du dich unten für meinen E-Mail-Newsletter anmeldest.

Zusätzlich zu den 4 kostenlosen Büchern erhältst du wöchentlich Tipps, kostenlose Buchverlosungen, Rabatte und vieles mehr.

Alle diese Geschenke sind 100 % kostenlos und ohne jegliche Bedingungen. Du musst keine persönlichen Daten angeben, außer deiner E-Mail-Adresse.

Um deinen Bonus zu erhalten, klicke hier:

https://dreamlifepress.com/four-free-gifts

Oder scannen Sie diesen QR-Code

Geistführer für Anfänger: Wie du den Ruf des Universums hörst und mit deinem Geistführer und deinen Schutzengeln kommunizierst

Geführt von Moon selbst, inspiriert von ihren eigenen Erfahrungen und dem Wissen, das seit Tausenden von Jahren von Hunderten von Generationen weitergegeben wurde, wirst du alles entdecken, was du wissen musst, um;

- Zu verstehen, was der Ruf des Universums ist

- Wie du ihn hörst und verstehst

- Zu wissen, wer und was deine Geistführer und Schutzengel sind

- Lernen, wie du dich mit deinen Führern verbindest, ein Gespräch beginnst und deinen Führern zuhörst

- Wie du deine Träume mit der Hilfe der kosmischen Quelle manifestieren kannst

- Wie du anfängst, das Leben zu leben, das du leben willst

- Und vieles mehr...

Das Gesetz der Anziehung: Verwirkliche deine Wünsche

Erfahre, wie du die unendliche Kraft des Universums anzapfen und alles manifestieren kannst, was du dir im Leben wünschst.

Enthält:

- Gesetz der Anziehung: Verwirkliche deine Wünsche E-Book

- Gesetz der Anziehung Arbeitsbuch

- Cheat Sheets und Checklisten, um sicherzustellen, dass du auf dem richtigen Weg bist

Hoodoo Buch der Zaubersprüche für Anfänger: Einfache und effektive Wurzelarbeit, Beschwörungs- und Schutzzauber für Heilung und Wohlstand

Nutze die Kraft einer der größten Magien. Hoodoo ist eine mächtige Kraft, die ideal ist, um Negativität in Schach zu halten, Positivität in allen Bereichen deines Lebens zu fördern, den Dingen, die du liebst, Schutz zu bieten und letztendlich die Kontrolle über dein Schicksal zu übernehmen.

In diesem Buch wirst du entdecken:

- Wie du mit Hoodoo in deinem täglichen Leben beginnen kannst

- Wie du mit Beschwörungszaubern das Leben manifestieren kannst, das du leben willst

- Wie du mit Schutzzaubern die härtesten Zeiten überstehen kannst

- Wie man den Kreislauf des Unglücks durchbricht und das Glück im Leben fördert

- Wie man mit Hoodoo Wohlstand und finanzielle Stabilität fördert

- Wie man mit Hoodoo-Magie sowohl kurzfristige als auch langfristige Traumata und Probleme heilen kann

- Wie du Flüche entfernst und Schmerzen, Leiden und Negativität aus deinem Leben verbannst

- Und so viel mehr...

Das Buch der Schatten

Eine druckbare PDF-Datei, die dich bei deiner spirituellen Transformation unterstützt.

In diesem Buch findest du:

- Zaubertrank- und Tinkturenzettel

- Log-Seiten für ätherische Öle

- Kräuter - Log-Seiten

- Eine Checkliste für magische Rituale und spirituelle Körperziele

- Arbeitsblätter zum Tarotlesen

- Wöchentlicher Mond- und Planetenzyklus-Tracker

- Und so viel mehr

Holen Sie sich alle Ressourcen KOSTENLOS, indem Sie den Link unten besuchen

https://dreamlifepress.com/four-free-gifts

Vorwort

Ich kannte mal einen Typen, der jemanden umgebracht hat, aber nicht so, wie du denkst.

Im Jahr 2014 war mein Freund David auf dem Weg zum Flughafen, um eine andere Freundin, Sarah, zu treffen, die nach einem Jahr Studium in Europa in die USA zurückkehrte. Er holte sie ab und setzte sie gegen zwei Uhr nachts bei ihren Eltern zu Hause ab. Dann fuhr er auf der Autobahn nach Hause. Während er die leere Straße entlangfuhr, änderte sich sein Leben schlagartig.

Ohne Vorwarnung rannte ein vermummter Mann vor sein Auto. Da es etwa 3 Uhr nachts war und es bis auf die Autoscheinwerfer stockdunkel war, blieb natürlich keine Zeit zu reagieren. Das Auto knallte in den Mann und David schrie lauter als je zuvor in seinem Leben. Er fuhr an die Seite, schaltete die Warnblinkanlage ein und griff sofort nach seinem Handy, um die Polizei anzurufen. Sie war innerhalb weniger Minuten da.

Nachdem er stundenlang in höchster Alarmbereitschaft darauf gewartet hatte, dass die Polizei ihre Ermittlungen durchführte, einschließlich der Aufnahme von Zeugenaussagen und der Durchführung von Alkohol- und Drogentests (seine Tests waren letztendlich unbedenklich), wurde der Mann, den David angefahren hatte, noch am Unfallort für tot erklärt. Nach vier Stunden war der Freeway wieder frei und die Polizei brachte David nach Hause.

Um sieben Uhr morgens betrat David mit zwei Polizisten im Schlepptau sein Haus, während seine besorgte Freundin die Treppe herunterkam, um ihn zu begrüßen. Sie wurde immer panischer, als sie die Polizisten sah, da er sich ungewöhnlich verspätet hatte und nicht erreichbar war.

Geschockt und endlich von seinem Adrenalinschock erholt, setzte sich David hin und erlaubte den Beamten, seine Freundin über das Geschehene zu informieren und wie weiter vorgegangen werden sollte. Müde, geschockt und in Panik, fiel Davids Freundin ohne Vorwarnung bewusstlos auf dem Fliesenboden zusammen. Sie schlug mit dem Kopf auf und blutete aus einer Wunde, während einer der Beamten einen Krankenwagen rief.

David verbrachte weitere sechs Stunden in der Notaufnahme, während die Ärzte seine Freundin untersuchten und feststellen, dass sie eine massive Panikattacke hatte. Die Ereignisse der Nacht waren für sie überwältigend gewesen. Als sie endlich wieder zu Hause waren, schlief David zwei Tage lang, bevor er beim Aufwachen seine allererste Panikattacke erlebte - ein Gefühl, das ihn bis heute davon überzeugt, dass er lieber sterben würde als es nochmal erleben zu müssen

Die Ermittlungen wurden nach einigen Monaten eingestellt, und David wurde nicht angeklagt. Die Ermittler fanden heraus, dass der Mann, der plötzlich auf die Straße gelaufen war, schwer depressiv und abhängig von Drogen und Alkohol gewesen war. Textnachrichten und Anrufe aus jener Nacht zeigten, dass seine Freundin mit ihm Schluss gemacht hatte und dass er zwar nicht sterben wollte, aber sein Blutalkoholgehalt weit über dem gesetzlichen Limit lag.

David fühlte sich eine Zeitlang gut und teilte uns mit, dass er in jener Nacht viele Erleuchtungen hatte. Zum ersten Mal begriff er, wie wertvoll das Leben ist und dass alles passieren kann, wenn man es am wenigsten erwartet. Er war dankbar für seine Instinkte, dafür, dass er das Auto unter Kontrolle hatte und sicher am Straßenrand anhalten konnte. Wenn er in Panik geraten oder die Kontrolle verloren hätte, hätte er in jener Nacht leicht sein Leben verlieren können. Er war dankbar, dass er überlebt hatte, aber es tat ihm leid, dass die Angehörigen des Mannes einen Bruder, einen Sohn und einen Freund verloren hatten.

Doch drei Jahre später versank David in eine tiefe Depression. Nach und nach verbrachte er immer weniger Zeit mit seiner Familie und seinen Freunden. Er trennte sich auch von seiner Freundin, kurz nachdem sie weggezogen war, und landete schnell in einer giftigen und kontrollierenden Beziehung. Er verlor drastisch an Gewicht, ging nicht mehr ins Fitnessstudio und saß oft im Regen im örtlichen Park und starrte in die Ferne, als ob er von der Welt um ihn herum losgelöst wäre.

Manchmal saß ich mit ihm auf diesen Parkbänken und wir sprachen über Fernsehsendungen oder Nachrichten. Ich erzählte ihm, was bei unseren Freunden los war, oder über einen Film, den ich gesehen hatte. Er sprach nicht oft. Wenn ich bei ihm war, starrte er meistens auf den Boden. Eines Tages jedoch änderte sich etwas. Er drehte sich zu mir um, umklammerte meine Jacke, während es in Strömen regnete, und starrte mir direkt in die Augen. Seine Worte hinterließen eine Gänsehaut bei mir.

"Ich habe solche Angst, Layla. Ich habe Angst, dass ich etwas tun werde. Ich habe Angst, dass ich mich selbst verletzen werde. Ich will nicht sterben, aber ein Teil von mir möchte es. Dieser Teil von mir wird immer stärker."

Ich habe nicht geantwortet. Ich zog ihn in meine Arme und hielt ihn fest. Er brach in Tränen aus. Wir weinten gemeinsam. David erzählte mir später, dass dieses Gespräch eine entscheidende Wende in seinem Leben war. Er wurde aktiv und fing an, neue Gewohnheiten zu entwickeln. Er suchte Hilfe bei einem professionellen Therapeuten und schaffte es schließlich, aus der Krise herauszukommen. Es ist unbestreitbar, dass er enorme Fortschritte gemacht hat, und ich kann mit Freude sagen, dass seine Suizidgedanken verschwunden sind. Er begann wieder, sein Leben als glücklicher und gesunder Mensch zu genießen.

Dieser Tag war auch ein Wendepunkt in meinem Leben. Ich hatte mich bereits tief in meine Selbstentwicklung eingearbeitet und begriff, dass es in unserem Leben eine mächtige und überwältigende Kraft gibt, von der wir uns jedoch meistens nicht bewusst sind. Ich denke, viele von uns sind so sehr daran gewöhnt, dass diese Macht präsent und unerbittlich ist, dass wir uns nicht einmal vorstellen können, ohne sie zu leben.

Ich spreche natürlich von der Stimme in unserem Kopf.

Bei David war es ein extremer Fall. Nachdem er eine so traumatische und schwerwiegende Erfahrung gemacht hatte, war die Stimme in seinem Kopf lauter denn je zuvor und schrie und brüllte so laut, dass er nichts anderes mehr hören konnte. Sie wurde zu einem alles beherrschenden Thema, wodurch er sich so verloren und deprimiert fühlte.

Doch diese Stimme ist in jedem von uns präsent. Es ist die Stimme, die uns sagt, dass wir etwas nicht schaffen können, wodurch wir es nicht tun. Es ist die Stimme, die uns einredet, dass uns jemand nicht mag, dass wir etwas Falsches gesagt haben, dass wir einen Fehler gemacht haben und jetzt von allen verabscheut werden. Es ist die Stimme, die uns sagt, dass wir einsam, wertlos, gestresst, finanziell am Ende, dumm, unzureichend, zu dick oder zu dünn, hässlich oder unattraktiv oder nicht erfolgreich genug sind.

Die Stimme, die immer und immer wieder ertönt und nie verstummt. Und wenn du ihr zuhörst, bist du am Boden zerstört. Wenn du es nicht tust, weißt du immer noch, dass sie tief in deinem Inneren in den Schatten steht und du darauf wartest, dass sie wiederkommt. Du spürst es...

Übermäßiges Denken ist in unserer modernen Gesellschaft weit verbreitet. Es handelt sich um eine Pandemie, die seit Jahrzehnten zunimmt und immer häufiger sowie mit größeren Auswirkungen als je zuvor auftritt. Die Raten von Angstzuständen und Depressionen sind höher denn je. Die Selbstmordrate steigt stetig an (es ist die zweithäufigste Todesursache bei Menschen im Alter von 10 bis 34 Jahren), und immer mehr Menschen geben zu, mit ihrem Leben unzufrieden zu sein.

Eine Studie aus dem Jahr 2016 ergab, dass lediglich 31 % der Amerikaner angaben, glücklich zu sein. Im Vergleich dazu hat jeder fünfte amerikanische Erwachsene jedes Jahr mit psychischen Problemen zu kämpfen, wovon 1 von 20 schwerwiegend betroffen ist. Da 50 % aller psychischen Erkrankungen bereits im Alter von 14 Jahren beginnen (75 % im Alter von 24 Jahren), müssen wir uns dieser Herausforderung stellen. Die Stimme in unserem Kopf bombardiert uns täglich, von dem Moment, in dem wir aufwachen, bis zu dem Moment, in dem wir einschlafen, und manchmal hält sie uns sogar wach.

Ich spreche hier nicht davon, dass übermäßiges Nachdenken eine psychische Erkrankung darstellt. Hast du jemals darüber nachgedacht, ein Buch zu schreiben? Ein eigenes Unternehmen zu gründen? Die Freunde zu haben, die du dir wünschst? Deinen Traum zu verfolgen? Gesunde und glückliche Beziehungen zu führen? Das Leben zu führen, das du dir wünscht? Wahrscheinlich weißt du bereits, warum die Stimme in deinem Kopf dich unglücklich macht. Sie ist der Grund, aus dem du dich zu diesem Buch hingezogen fühlst. Du kennst deine Gründe, und jetzt ist es an der Zeit, aktiv zu werden und Veränderungen in Angriff zu nehmen.

Bevor wir fortfahren, möchte ich, dass du dir aufschreibst, warum du genau dieses Buch in die Hand nimmst. Was immer es auch ist, schreibe es jetzt auf ein Blatt Papier und behalte es bei dir. Notiere auch, welche ängstlichen Gefühle oder Gedanken du hast und wie sie dich davon abhalten, die Person zu sein, die du sein möchtest.

Vielleicht fragst du dich, warum ich dir Davids Geschichte erzählt habe. Es ist eine düstere Geschichte, aber eine mit einem Funken Hoffnung am Ende des Tunnels. David befand sich in einer schwierigen Lage, aber ich bin mir sicher, dass du jemanden kennst oder von jemandem gehört hast, der sich in einer ähnlichen Situation befindet. Menschen wie David, wie ich und alle, die sich dieser Herausforderung stellen, sind der lebende Beweis dafür, dass man nicht in einer Welt leben muss, in der die Stimme in deinem Kopf die Kontrolle hat.

Es gibt Lösungen. Es gibt Heilmittel. Es gibt Methoden, mit denen du die Kontrolle über dein Leben zurückgewinnen und deine Gedanken und Emotionen beherrschen kannst. Und weißt du was? Es gibt Mittel

13

und Aktivitäten, mit denen du wirklich glücklich in deinem Leben werden kannst. Das ist es, das Thema dieses Buches - siebenundzwanzig Wege, um das ständige Grübeln zu beenden, die innere Stimme zu beruhigen, Stress und Sorgen loszulassen und ein erfüllteres Leben zu führen.

Siebenundzwanzig Wege, um ruhig zu bleiben, Frieden zu finden und glücklich zu sein.

Nimm also das Stück Papier, auf dem du notiert hast, wie deine innere Stimme dich zurückhält, und zerreiß es in winzige Stücke oder roll es zu einem Ball zusammen und wirf es in den Mülleimer. Heute ist der Tag, an dem die Veränderung beginnt, und deine Reise startet.

Ich bin bereit, wenn du es bist.

Wie man dieses Buch benutzt

Obwohl es keinen richtigen oder falschen Weg gibt, dieses Buch zu nutzen und daraus zu lernen, möchte ich dich daran erinnern, dass dieses Buch nicht unbedingt in einer linearen Reihenfolge gelesen werden muss. Um die Dinge einfach zu halten, habe ich das Buch in fünf übersichtliche Kapitel unterteilt, die sich mit folgenden Themen befassen:

Im ersten Kapitel geht es darum, das Problem zu verstehen. Es geht darum herauszufinden, warum du zu viel denkst und wie du dahin gekommen bist, wo du heute bist. Wenn wir das Problem verstanden haben, können wir herausfinden, wie wir es lösen und die Dinge besser machen können.

Im Kapitel zwei geht es um den Umgang mit Stress. Jeder von uns erlebt Stress auf unterschiedliche Weise, sei es durch Überforderung oder durch besorgniserregende Gedanken. Wenn deine innere Stimme zu laut wird, Angst dich beherrscht oder eine Situation nicht so verläuft, wie du es dir erhofft hast, entsteht Stress. Wenn du nicht weißt, wie du damit umgehen sollst, kann er dich überwältigen. In diesem Kapitel werden wir gemeinsam Lösungen finden, um Stress in den Griff zu bekommen und zu verhindern.

In Kapitel drei geht es um den Umgang mit Ängsten. Ich denke, dass Angst eine Art Langzeitstress ist. Technisch gesehen sind das zwar zwei verschiedene Dinge (darauf gehen wir später ein), aber ich denke, dass Stress ein momentaner Gemütszustand ist, während Angst dafür steht, wie du auf lange Sicht von deinem Leben und deinen eigenen Gedanken beeinflusst wirst. Um damit umzugehen, braucht man andere Strategien.

Im vierten Kapitel geht es darum, wie du mit übermäßigem Grübeln im Hier und Jetzt umgehen kannst. Egal, ob du gerade erst mit dem Nachdenken über etwas begonnen hast oder dich bereits mit deinen gewohnten Denkmustern und Selbstgesprächen auseinandersetzt. Es ist wichtig, dass du die Kontrolle über das Unkontrollierbare übernimmst. Wie du mit dir selbst sprichst, hat einen großen Einfluss auf dein Leben, und in diesem Kapitel geht es genau darum, dich selbst besser zu verstehen und du selbst zu werden, indem du lernst, wie du mit dir selbst sprichst.

Schließlich kommen wir zum Kapitel fünf, wo wir den Kurs ändern und uns nicht mehr mit Problemen beschäftigen, sondern uns in der Freude über die Lösungen sonnen. Im fünften Kapitel geht es darum, dein Gehirn physisch auf Glück einzustellen und die Techniken und Methoden zu erlernen, die dir helfen, die Türen zu dem Leben, das du dir wünschst, wirklich zu öffnen.

Die Methoden, die in den folgenden Kapiteln beschrieben werden, basieren auf psychologischen und wissenschaftlichen Erkenntnissen und ich verweise auf Studien und Referenzen. Im Grunde handelt es sich um Strategien, die nachweislich funktionieren und Ergebnisse liefern. Du musst dir nur Gewohnheiten aneignen und sie umsetzen.

Damit meine ich, dass du dir das aussuchen sollst, was für dich funktioniert. Auch wenn es Methoden gibt, die dir nicht gefallen und von denen du denkst, dass sie nicht funktionieren werden, werden viele andere Methoden dein Leben verändern. Lies dieses Buch, wie du willst. Wenn du eine Methode siehst, die dich anspricht und du mehr darüber erfahren möchtest, dann springe zu diesem Kapitel und informiere dich darüber.

Ich empfehle dir jedoch, das Buch erst einmal durchzulesen, alle Informationen über jede Methode aufzunehmen und dann zu entscheiden, wie du vorgehen willst. Vielleicht wirst du von einigen Methoden angenehm überrascht sein und du findest eine Lösung, an die du nie gedacht hast. Das Wichtigste ist jedoch, dass du hier bist, um herauszufinden, was für dich persönlich am besten funktioniert, und das kannst nur du selbst.

Dieses Buch soll dich mit Optionen und Wissen versorgen, damit du eine fundierte Entscheidung treffen kannst, die für dich die beste ist. Okay, ich denke, das war genug Gerede für den Moment. Lass uns diese Reise beginnen.

ERSTES KAPITEL

Finde deine Fundamente

Damals, als mein Grübeln und der Zustand meiner psychischen Gesundheit am schlimmsten war, fühlte ich mich gefangen und verloren und glaubte, dass diese Gefühle für immer anhalten würden. Zumindest hat mir das die Stimme gesagt. Wenn es dir nicht gut geht, egal ob du leicht ängstlich, ein bisschen panisch oder regelrecht deprimiert bist, ist es ein seltsames Phänomen, dass wir das Gefühl haben, dass unser Leben von nun an so sein wird.

Negative Gefühle neigen dazu, alles zu verschlingen, was bedeutet, dass du scheinbar nicht über sie hinwegsehen kannst. Rationales Denken scheint zu verschwinden, und je mehr du überlegst und dich in den Kaninchenbau begibst, desto schwieriger scheint es, da wieder herauszukommen. Es wird viel darüber geredet, dass es in Ordnung ist, nicht in Ordnung zu sein. Das stimmt zwar, und jeder wird sich sicherlich von Zeit zu Zeit an dunklen Orten wiederfinden, aber es ist wichtig, sich daran zu erinnern, dass es nicht in Ordnung ist, nicht in Ordnung zu sein, und das wird auch nie der Fall sein.

Das Hauptaugenmerk dieses Buches liegt auf dem Konzept des Überdenkens. Das kann ein eigenständiger Zustand sein, bei dem du, wenn du dich gestresst fühlst oder etwas durchmachst, zu viel nachdenkst. Dies kann unabsichtlich geschehen und plötzlich vergehen Minuten oder Stunden, in denen du plötzlich merkst, dass dein Verstand mit einer Million Gedanken pro Minute durch die Gegend rast und dich daran hindert, im Moment glücklich zu sein.

Übermäßiges Denken ist auch ein Symptom für psychische Erkrankungen wie Angstzustände und Depressionen. Es ist wichtig, noch einmal zu betonen, dass dieses Buch dir nicht helfen wird, diese Krankheiten zu überwinden. Psychische Erkrankungen können in ihrer Art und ihren Auswirkungen sehr unterschiedlich sein. Manchmal beruhen sie auf den Lebensumständen, manchmal sind sie biologisch bedingt und erfordern medizinische Hilfe und Behandlung. Ich hoffe aber, dass dieses Buch dir auf deinem Weg zur Genesung und zu einem besseren, glücklicheren und zufriedeneren Leben helfen kann, das du wirklich verdienst - ein Leben, das wir alle verdienen.

Alles beginnt damit, herauszufinden, wo du auf deiner persönlichen Reise stehst und von dort aus zu arbeiten. "Herausfinden, wo du bist und was mit dir los ist?" Ich weiß noch, wie mir das gesagt wurde, und ich konnte mir nichts Schlimmeres vorstellen, als in meine eigenen Probleme und meine Lebenssituation einzutauchen. Möchte jemand wirklich einen langen Blick in den Spiegel werfen? Wahrscheinlich nicht.

Aber es ist der erste und wichtigste Schritt auf jeder Reise. Es geht darum, dich auf deiner Landkarte zu positionieren, damit du deine Route planen kannst. Natürlich kann dir niemand sagen, wo du stehst, denn deine Lebenssituation ist deine eigene, und niemand sonst kennt dich so gut wie du selbst. Dieses Kapitel soll dir helfen herauszufinden, wo du stehst. Also, lass uns eintauchen.

Warum denken wir zu viel nach?

Warum denken wir zu viel nach?

Es gibt viele Gründe, warum du zu viel nachdenkst. Der häufigste ist der Glaube, dass mit dir etwas nicht stimmt. Hör mir zu: Nur weil du zu viel nachdenkst, heißt das nicht, dass etwas mit dir nicht stimmt. Übermäßiges Grübeln ist in der Regel ein Symptom, das sich aus der langfristigen Anhäufung von Ereignissen in deinem Leben ergibt, die dich dorthin geführt haben, wo du dich jetzt befindest. Wahrscheinlich warst du nicht dein ganzes Leben lang ein Überdenker, sondern es ist eher ein Prozess, der sich nach und nach bei dir bemerkbar gemacht hat.

Stell dir das mal so vor. Stell dir vor, du hattest während deiner Schul- oder Studienzeit eine Beziehung mit jemandem. Du mochtest diese Person sehr und würdest sogar sagen, dass sie deine erste Liebe oder deine Jugendliebe war. Alles war wunderbar, und du warst glücklich. Doch dann hast du herausgefunden, dass dein Partner dich betrogen hat, und ihr habt euch getrennt und nie wieder miteinander gesprochen.

Während deiner Trauerphase, in der du tatsächlich den Verlust deiner Beziehung betrauerst, denkst du darüber nach, was du falsch gemacht hast. Wie hättest du dich besser verhalten können? Was hättest du anders machen können, um sie daran zu hindern, mit einem anderen wegzugehen? Hast du sie weggestoßen? Seien wir ehrlich: Teenager und junge Erwachsene sind nie gut in der Kommunikation, denn in dieser Phase lernen wir alle noch, wie man es richtig macht.

Die Zeit vergeht, und du ziehst weiter. Du gehst eine neue Beziehung ein und bist glücklich. Aber aufgrund deiner früheren Erfahrungen denkst du darüber nach, was du anders machen könntest und wie du die andere Person glücklicher machen kannst, weil du nicht willst, dass sie dich betrügt. Du fühlst dich ängstlich, wenn sie ausgehen und andere Leute treffen, weil du Angst hast, betrogen zu werden. Du stellst dir vor, was die andere Person tut und hast andere schreckliche Fantasien. Du bereitest dich auf die Nachricht vor, dass er oder sie dich betrügt, als ob das den Schlag mildern würde, wenn es passiert.

Da du nicht dein wahres Ich bist, sondern aus den Emotionen heraus handelst, die durch dein ständiges Überdenken entstehen, geht die Beziehung in die Brüche. Das führt dazu, dass dein Überdenken auf Hochtouren läuft. Was hast du falsch gemacht? Was könntest du besser machen? Liegt es an dir? War er/sie der/die Richtige? Wirst du jemals dein Glück finden? So wird das Grübeln immer schlimmer.

Dieser Prozess zieht sich wie ein Schneeball durch dein ganzes Leben, in allen Bereichen deines Lebens, bis die Probleme angegangen werden. Aber du wirst die Probleme nicht angehen können, wenn du nicht in der Lage bist, das Überdenken in den Griff zu bekommen, und genau darum geht es in diesem Buch.

Noch ein kurzes Beispiel: Wenn du in einem Job arbeitest, den du hasst, du aber gefeuert wirst oder ihn verlässt, und du am Ende ähnliche Erfahrungen mit mehreren Jobs machst, dann fängst du an, zu viel über deine Arbeit und deine Karriere nachzudenken. Das führt zu einem gewissen Maß an Überdenken, was in der Regel zu mehr Problemen und damit zu mehr Überdenken führt. Es ist ein kontinuierlicher, sich selbst erhaltender Kreislauf.

Wenn du dich also fragst, was die Ursache für dein übermäßiges Denken ist, könnte es von dir kommen - nicht von dir als Person, sondern von einer Reihe von Ereignissen und Erfahrungen, die du im Laufe deines Lebens gemacht hast. Wenn du die Methoden in diesem Buch erlernst, solltest du in der Lage sein, den Kreislauf des Überdenkens zu durchbrechen, damit du die Probleme im Kern angehen kannst.

Einige andere Probleme, die du in deinem Leben hast und die zu übermäßigem Denken führen können, sind:

- Schlechtes Selbstvertrauen oder Selbstwertgefühl

- Du glaubst nicht an dich selbst oder vertraust deinen Instinkten nicht

- Du beschützt dich selbst oder andere

- Perfektionismus

- Gewohnheitsmäßige Denkmuster

Es gibt auch andere äußere Faktoren, die ein Überdenken auslösen. Das beste und jüngste Beispiel ist die COVID-19-Pandemie. Natürlich handelt es sich um ein prominentes und globales Ereignis, über das im Internet und in den Nachrichten 24 Stunden am Tag berichtet wird. Wie könntest du bei so vielen Informationen über den Tod und die Zerstörung, die sie verursacht, nicht über die Pandemie nachdenken?

Ein solches Ereignis verursacht Panik und Angst in großem Ausmaß. Ich persönlich war nicht wirklich besorgt wegen der Pandemie. Ich kannte Leute, die sich angesteckt hatten und krank waren, und ich kannte auch mehrere Menschen, die daran gestorben sind. Ich neige zu der Überzeugung, dass es Zeit ist zu gehen, wenn es Zeit ist, und obwohl es eine Tragödie ist, dass eine so schreckliche Situation unsere

Realität ist, versuche ich, mich so gut wie möglich damit abzufinden.

Aber wenn du nachts im Bett liegst und einen leichten Husten bekommst, wenn du das Gefühl hast, etwas zu riechen, aber nicht riechen kannst, oder wenn du dich einfach nicht gut fühlst, dann denkst du nach so vielen Nachrichten und Medienberichten natürlich: *Oh mein Gott, ich habe mich angesteckt, und jetzt werde ich krank und könnte sogar sterben.* Wenn du diese Gedanken unkontrolliert weiterlaufen lässt, wirst du in ein schlimmes Kaninchenloch fallen.

Damit ist klar, dass externe Faktoren eine große Rolle spielen können, wenn es darum geht, warum du zu viel nachdenkst.

Wie unsere Gehirne zum Überdenken geschaffen sind

Das ist richtig. Manchmal ist mit dir alles in Ordnung, es gibt keine Lebenssituationen und keine äußeren Umstände, die dich dazu bringen könnten, zu viel nachzudenken. In Wahrheit ist unser Gehirn von Natur aus darauf programmiert, zu viel zu denken. Nicht auf die unerbittliche Art und Weise, wie manche von uns es tun, aber es gibt zweifellos ein Element des Denkens, das uns aus Überlebensinstinkten heraus eingepflanzt ist.

So funktioniert es einfach. Dein Verstand ist nicht das, was du bist. Das mag leicht verständlich sein oder über deinen Kopf hinweggehen, aber hör mir zu. Du bist nicht deine Gedanken. Dein Gehirn ist genauso ein Teil von dir wie dein Arm oder dein Bein. Dein Gehirn ist ein Werkzeug. Es ist dazu da, Probleme zu lösen, so wie deine Hand ein

Werkzeug ist, um Dinge zu greifen und zu berühren. Genauso wie deine Augen dir helfen, die Welt zu sehen.

Dein Gehirn ist ein Werkzeug, das dir hilft, Probleme zu lösen und Probleme zu überwinden, mit dem Hauptziel, dich am Leben zu erhalten. Wenn du dich hungrig fühlst, schüttet es Hormone aus, die dich zum Essen verleiten. Wenn du isst, schüttet es zur Belohnung Dopamin aus, damit du dich gut fühlst, weil du ein Bedürfnis befriedigt hast, und hält so deinen Körper in bester Verfassung.

Schon zu Zeiten der Höhlenmenschen und des Überlebens unter schwierigen Bedingungen war unser menschliches Gehirn hervorragend, weil es Probleme lösen konnte, die uns auch in den schwierigsten Umgebungen und Situationen am Leben hielten. Wir haben immer noch das gleiche Gehirn, das auf die gleiche Weise funktioniert. Es ist ein hochentwickeltes, denkendes Computersystem, das darauf abzielt, uns am Leben zu erhalten. Das bedeutet aber nicht, dass unser Verstand dazu da ist, uns glücklich zu machen. Er zielt buchstäblich darauf ab, uns am Leben zu erhalten, ohne Rücksicht auf unsere Gefühle zu nehmen.

Wir leben jedoch in einer ganz anderen Welt als unsere Vorfahren vor Hunderten von Jahren. Die Welt ist zwar nicht perfekt, aber die meisten von uns haben ihre Grundbedürfnisse befriedigt und leben in relativem Komfort. Das bedeutet, dass wir unser Gehirn mit anderen Dingen beschäftigen, z. B. mit der Frage, ob wir aufgrund der Anzahl unserer Likes in den sozialen Medien akzeptabel sind, ob unsere Fußballmannschaft gewinnt, ob wir genug Schlaf bekommen, ob wir zu dick oder zu dünn sind, ob wir die richtigen Klamotten tragen, ob wir genug Geld haben, ob wir das Beste aus unserem Leben machen, bevor wir sterben, oder ob wir im Moment leben, und so weiter. Du verstehst, was ich meine.

In unserem Alltag gibt es so viele Reize, viel mehr als noch vor Tausenden von Jahren, dass unser Gehirn heute süchtig danach ist, über all das nachzudenken, weshalb es sich so anfühlen kann, als würdest du ständig und unablässig denken, den ganzen Tag, jeden Tag. Zu verstehen, dass dies bei dir der Fall ist, ist der erste Schritt, um zu erkennen, was dich dazu bringt, zu viel zu denken. Du kannst dann die vielen Methoden, die in diesem Buch beschrieben werden, nutzen, um deine Überdenkgewohnheiten zu reduzieren und dich in die Lage zu versetzen, die Kontrolle über dein Leben zurückzuerlangen. Das kann bedeuten, dass du dir deiner Überdenkensauslöser bewusster wirst, deine Reize einschränkst oder einfach herausfindest, was dir im Leben wichtig ist, und dein Leben auf das Wesentliche reduzierst.

Ein offensichtliches Beispiel dafür, dass dies in meinem eigenen Leben passiert, ist meine Beziehung zum Schreiben. Das war besonders der Fall, als ich anfing und versuchte, meine ersten Bücher zu schreiben. Ich hatte eine perfektionistische Einstellung, bei der ich jeden Satz formulieren und jede Wortwahl vor Gericht bringen musste, um zu entscheiden, ob sie gut genug war oder nicht. Ich war wie besessen davon, ob das, was ich schrieb, für die Menschen von Nutzen sein würde, ob ich meine Zeit verschwendete oder wie ich mit der Kritik umgehen würde, die unweigerlich von meinen Lesern kommen würde.

Aber ich habe so viel nachgedacht, dass es mich am Ende zurückgehalten hat, weil ich mich auf alles andere konzentriert habe, außer auf das, was notwendig war, in diesem Fall das Schreiben. Du denkst jetzt vielleicht, dass es eine große Sache ist, ein Buch zu schreiben und sich damit auseinanderzusetzen, wie es aufgenommen wird. Schließlich will niemand ein Buch schreiben und dafür gehasst werden.

Der Punkt ist, dass diese Sorgen durch dieselbe biologische Programmierung in unserem Verstand verursacht, erzeugt und aufrechterhalten werden, die wir schon vor Tausenden von Jahren hatten, wenn es ums Überleben ging. Im Grunde sehen wir alltägliche Situationen in unserem Leben und unser Verstand behandelt sie als Situationen, in denen es um Leben und Tod geht. Bei einer Panikattacke schaltet sich das körpereigene Kampf-oder-Flucht-System ein. Früher wurde es aktiviert, wenn wir einem Bären oder Säbelzahntiger gegenüberstanden. Heute wird es aus offensichtlichen Gründen aktiviert, wenn wir nicht so viele Likes auf Instagram bekommen wie sonst.

Das mag dir lächerlich vorkommen, aber zum Überleben gehört auch, dass man als Teil des Stammes und der übrigen Menschheit akzeptiert wird. Wenn du früher allein in den Wäldern gelebt hast und krank wurdest, bist du gestorben. Wenn du krank wirst, wenn du im Stamm lebst und sich alle umeinander kümmern, ist es wahrscheinlicher, dass du überlebst, weil man sich um dich kümmert und für dich sorgt. Das hat das biologische Bedürfnis geweckt, von Gleichaltrigen akzeptiert zu werden - ein Instinkt, der in unserem Gehirn fest verankert ist. Deshalb tut es immer noch weh, wenn du online negative Kommentare von Fremden erhältst, die sich negativ auf dein Wohlbefinden, deine geistige und körperliche Gesundheit auswirken können.

Was passiert, wenn du zu viel nachdenkst?

Wir haben schon oft darüber gesprochen, woher das Überdenken kommt, und du fragst dich vielleicht, warum das ein Problem ist. Denn wenn du nicht denken würdest, würde nichts geschehen. Du könntest keine Ideen haben, keine Beziehungen eingehen und keine Probleme in deinem Leben lösen. Du wärst nur eine naive Hülle, die von einer Situation in die nächste stolpert, ohne viel zu tun.

Wir haben sogar darüber gesprochen, dass das Denken und Analysieren von Situationen ein integrierter Teil deines menschlichen Instinkts ist, der für dein Überleben notwendig ist. Wie kann das alles schlecht sein?

Nun, wie wir in der Einleitung schon kurz erwähnt haben, ist es in Ordnung, über etwas nachzudenken. Unaufhörlich über etwas nachzudenken ist es nicht. Bei meinem Schreiben hat mich das zu viel Nachdenken zurückgehalten. In einer Beziehung, in der du vielleicht mit Vertrauensproblemen zu kämpfen hast, hindert dich übermäßiges Nachdenken daran, dich voll und ganz auf deinen Partner einzulassen, und damit auch daran, eine gesunde Beziehung zu entwickeln. Das ist alles sehr situationsabhängig, aber die Probleme und Folgen des Überdenkens gehen leider noch viel weiter.

Vom Standpunkt des Glücks aus gesehen, kannst du nicht glücklich sein, wenn du zu viel nachdenkst. Zu viel nachzudenken bedeutet, im Überlebensmodus zu sein und zu versuchen, ein Problem zu lösen. Wenn du willst, erinnere dich daran, dass zu viel nachdenken bedeutet, dass du glaubst, dass es ein Problem in deinem Leben gibt, das gelöst werden muss. Das ist die eigentliche Idee der Unzufriedenheit. Du möchtest irgendwo sein, wo du gerade nicht bist, oder du möchtest, dass ein bestimmtes Detail oder eine Situation in deinem Leben anders ist.

Stell dir vor, du bist im Urlaub, entspannst dich am Strand und schaust der Welt zu. Du drehst dich zu deinem Partner um, und er oder sie sieht im Sonnenuntergang umwerfend aus. Woran denkst du in diesem Moment? Machst du dir Sorgen um deine Rechnungen oder deine Karriere? Bist du wegen irgendetwas gestresst? Nein, natürlich nicht. Auch wenn dieses Gefühl des Friedens nur ein paar Sekunden anhält. Es ist dieses zufriedene Gefühl des Friedens, das dich im Moment glücklich macht.

Du kannst solche Momente in allen Bereichen deines Lebens finden, in jeder Situation, manchmal zufällig und ohne Grund. Es versteht sich von selbst, dass du keine Gelegenheit finden wirst, glücklich und friedlich zu sein, wenn dein Verstand ständig rast. Dieses Buch zielt darauf ab, mehr Gelegenheiten für diesen Freiraum zu schaffen und damit auch mehr Chancen, glücklich zu sein.

Schließlich gibt es auch noch die körperlichen Auswirkungen des Überdenkens.

Es stimmt zwar, dass übermäßiges Nachdenken kein medizinischer Begriff ist und als eigenständige Krankheit eingestuft wird, aber es gibt viele Untersuchungen, die beweisen, dass es ein Problem ist und deine geistige und körperliche Gesundheit gefährdet. Ashley Carroll, eine Psychologin, die am Parkland Memorial Hospital arbeitet, sagt zum Beispiel:

"Wenn sie unser Leben zerstören oder unser tägliches Funktionieren wirklich beeinträchtigen, wenn du zum Beispiel nachts nicht schlafen kannst, weil du diese Gedanken nicht abstellen kannst, dann beeinträchtigt das dein tägliches Funktionieren." Sie erklärt weiter, wie es deinen Appetit beeinflussen kann. Es kann dich dazu bringen, dich von anderen Menschen zu isolieren. Es kann Stress verursachen und das bestehende Stressniveau erhöhen, indem der Cortisolspiegel (das Stresshormon) in deinem Körper physisch ansteigt. Übermäßige Mengen dieses Hormons können über längere Zeiträume zu anderen Gesundheitsproblemen führen, wie z. B.:

● Gewichtszunahme, vor allem im Bereich der Körpermitte und des oberen Rückens

● Rundung des Gesichts

● Akne & schlechte Hautqualität

● verlangsamte Heilung nach einer Verletzung

● Muskelschwäche

● Starke Müdigkeit

● Reizbarkeit

● Konzentrationsschwierigkeiten

● Bluthochdruck

● Kopfschmerzen

Eine längere und unkontrollierte Belastung durch diese Bedingungen kann wiederum zu Herz-Kreislauf-Erkrankungen, Osteoporose, Diabetes und sogar psychischen Störungen führen. Sicher, das sind Probleme in extremen Fällen und die Probleme sind nicht direkt, aber ich bin sicher, ich spreche für alle, wenn ich sage, dass du sowohl die lang- als auch die kurzfristigen Risiken des Überdenkens und alles, was damit einhergeht, vermeiden willst.

Um es kurz zu machen: Du wirst dich darauf konzentrieren wollen, deinen Geist zu entrümpeln und dich für eine neue Lebensweise zu öffnen. Ich bestreite nicht, dass Denken eine gute Sache ist und dass du von Zeit zu Zeit über Dinge nachdenken musst. Aber übermäßiges Denken, Grübeln und das Zulassen, dass deine Gedanken deinen Verstand kontrollieren und dich daran hindern, im Jetzt zu leben, ist ein Problem, und ich bin sicher, dass die letzten beiden Kapitel dir diese Probleme vor Augen geführt und dich motiviert haben, etwas zu ändern.

Ich denke, an dieser Stelle des Buches hast du die Idee schon verstanden. Zu viel Nachdenken ist schlecht. Konzentriertes, produktives Denken, Frieden und Glück sind gut. Jetzt gehen wir auf die Methoden ein, mit denen wir diese Probleme angehen können, und das wird den Rest des Buches einnehmen. Wenn du bereit bist, ein neues Kapitel in deinem Leben zu beginnen und die Fesseln des Überdenkens hinter dir zu lassen, dann blättere um und mach den ersten Schritt.

Zweites Kapitel

Methoden zur Stressbewältigung

Übermäßiges Nachdenken und Stress gehen Hand in Hand. Ich bin sicher, du brauchst keine Beispiele, um zu wissen, dass das so ist. Denke daran, wenn dir etwas Schreckliches passiert ist und wie du dich während und nach dem Ereignis gefühlt hast. Sagen wir, du hast deinen Job verloren. Du bist gestresst und denkst darüber nach, was du tun wirst, wo du einen neuen Job finden wirst, wie du die Rechnungen bezahlen wirst, was dein Partner sagen wird und wie du deine Miete bezahlen wirst. Die Liste lässt sich beliebig fortsetzen.

Du wirst gestresst, fängst an, zu viel nachzudenken, wirst noch gestresster und der Kreislauf geht weiter. Die erste Strategie ist, mit dem Stress umzugehen, wenn er aufkommt. Das sind kurzfristige Lösungen, die dir helfen können, auf dem Boden zu bleiben und dein Denken unter Kontrolle zu haben. Es geht darum, dass du dich selbst dabei ertappst, wie du gestresst bist, eine dieser Techniken anwendest und dich wieder unter Kontrolle bekommst, während du das Risiko minimierst, dich ängstlich zu fühlen und zu viel zu denken.

Das heißt aber nicht, dass du nicht denkst. Wenn du deinen Job verlierst, wirst du nicht einfach ein paar tiefe Atemübungen machen und plötzlich vergessen, dass es je passiert ist. Natürlich nicht, du bist ein

Mensch. Es geht darum, den Stress und die gesteigerten Emotionen zu reduzieren, damit du klar und deutlich denken kannst, um eine Lösung zu finden. Es geht darum, zielgerichtet zu denken, anstatt sich in den unaufhörlichen Sorgen und Ängsten zu verfangen.

Wenn du dich gestresst fühlst, sind das die Methoden, die du parat haben solltest.

METHODE 1

Die 5-4-3-2-1 Beruhigungstechnik

Die 5-4-3 Beruhigungstechnik ist eine der beliebtesten Techniken zum Abbau von Ängsten und wird weltweit von Fachleuten, Beratern, Therapeuten und Verhaltensexperten gelehrt. Es spielt keine Rolle, in welcher Situation du dich befindest - wenn du dich dabei ertappst, dass deine Emotionen außer Kontrolle geraten, hilft dir diese Methode, dich wieder zu konzentrieren und in dem alles verschlingenden Sturm von Gedanken und Gefühlen Ruhe zu finden.

Die Strategie ist einfach. Du beginnst damit, darauf zu achten, was du fühlst. Bist du gestresst? Ängstlich? Aufgeregt? Stehst du vor einer nervenaufreibenden Aufgabe, wie einem Vorstellungsgespräch, einer öffentlichen Rede oder einem Rendezvous? Wie fühlst du dich? Angespannt? Besorgt? Nervös? Stehst du kurz vor einer Panikattacke?

Du musst mit diesen Gefühlen nichts tun, außer ihnen Aufmerksamkeit zu schenken und ihre Existenz anzuerkennen. Eines der größten Probleme, die wir im Leben haben, ist die Erkenntnis, dass wir uns nicht zu 100% wohl fühlen, und dann vor diesen Gefühlen weglaufen, anstatt mit ihnen umzugehen. Diese Gefühle zu verdrängen, ist eines der schlimmsten Dinge, die du tun kannst, denn es entwertet deine Gefühle und macht deine Angst nur noch schlimmer. Es sagt, dass das, was du fühlst, nicht erlaubt und schlecht ist und führt dazu, dass du dich darauf konzentrierst, was mit dir nicht stimmen könnte.

Das ist nicht der Fall. Wenn du jemanden um ein Date bittest, dich für den Job deiner Träume bewirbst oder irgendetwas tust, das dir wichtig ist, egal wie groß oder klein. Denn das ist ganz natürlich, dass du du nervös oder aufgeregt sein wirst in solchen Situationen.

Alles, was du tun musst, ist, mehrere tiefe Atemzüge zu machen. Atme durch die Nase ein, fülle deinen Brustkorb mit so viel Luft wie möglich und atme dann ganz langsam und gleichmäßig durch den Mund aus. Wiederhole dies einige Male und bleibe einfach bei deinen Gefühlen. Du musst nichts weiter tun, als still zu sitzen und im hier und jetzt zu sein. Konzentriere dich auf deine Atmung. Wenn deine Gedanken abschweifen und du merkst, dass du dich in zufälligen Gedanken verlierst, lenke deine Aufmerksamkeit einfach wieder auf deine Atmung. Selbst wenn du das alle paar Sekunden tust, ist das in Ordnung. Das ist nur ein Teil des Lernprozesses.

Nachdem du die Atemübung gemacht hast, atme gleichmäßig weiter, aber gehe zum 5-4-3 Aspekt dieser Technik über. Sie geht folgendermaßen

Fünf. Sieh dich um und notiere im Geiste fünf Dinge, die du siehst. Das kann alles Mögliche sein: eine Deckenleuchte, ein Ventilator, ein Stift auf deinem Schreibtisch, ein Telefon, eine Person oder ein Baum. Sieh dich einfach um und notiere dir fünf Dinge in deiner Umgebung.

Vier. Bringe dein Bewusstsein ein wenig näher an deinen persönlichen Raum und nenne vier verschiedene Dinge, die du berühren kannst. Das kann etwas so Einfaches sein wie deine Tasche, dein Hemd oder dein Stuhl. Versuche, diese Dinge von den Dingen zu unterscheiden, die du sehen kannst.

Drei. Wechsle nun die Sinne und zähle drei Dinge auf, die du hören kannst. Höre auf ein Auto, einen Vogel oder auf Menschen, die sich unterhalten. Idealerweise wählst du Dinge aus, die sich außerhalb deines Körpers und in deiner Umgebung befinden, aber wenn du deine eigenen Schritte hören und wahrnehmen kannst, ist das auch in Ordnung.

Zwei. Gehe jetzt zu deiner Nase und versuche, zwei Dinge zu finden, die du aktiv riechen kannst. Kannst du Kaffee riechen? Druckerschwärze? Essen? Den Geruch der Stadt? Eine Person oder ihren Duft? Wenn du Lust hast, mach einen Spaziergang und zähle auf, was du riechen kannst.

Eins. Der letzte Teil besteht darin, darauf zu achten, was du schmecken kannst. Wonach schmeckt die Innenseite deines Mundes? Kaugummi? Nach Kaffee? Hattest du ein Pfefferminz? Wenn du nichts schmeckst, nimm dir einen Moment Zeit, um etwas zu essen oder zu trinken und achte auf die Details dessen, was du zu dir nimmst.

Diese Methode mag einfach erscheinen, aber sie ist eine der wirkungsvollsten Verhaltenstechniken der Welt. Wenn du gestresst bist und zu viel denkst, ist deine Aufmerksamkeit verinnerlicht. Du konzentrierst dich auf die angespannten Gefühle und die schnelle Abfolge von Gedanken und bist nicht in der Lage, der Außenwelt Aufmerksamkeit zu schenken. Wenn jemand traurig ist, kann es passieren, dass er einfach nur dasitzt und ins Leere starrt. Sie nehmen die Welt außerhalb ihrer Gedanken gar nicht mehr wahr.

Ich selbst hatte früher Panikattacken, bei denen ich einen Tunnelblick bekam. Es war, als würden die Ränder meiner Sicht schwarz werden, sodass ich nur noch diesen verschwommenen Schleier vor mir sah. Nichts war mehr scharf und ich konnte auf nichts mehr achten. Als ich noch zu Hause wohnte, bat ich meine Eltern, mir eine Geschichte zu erzählen, um mich von den Sorgen und den rasenden Gedanken abzulenken, und das taten sie auch, aber ich hörte kaum etwas von dem, was sie sagten.

Mit dieser Technik war es mir möglich, mich auf einfache Weise von den Gefühlen im Kaninchenbau zu lösen. Das erforderte keine große Anstrengung, reichte aber aus, um meinen Geist zu beruhigen und mich aus verinnerlichten Denkzyklen herauszuholen. Als ich bei Vier oder Drei ankam, begann ich bereits, mich zu beruhigen und die Welt um mich herum zu sehen. Je mehr ich das geübt habe, desto leichter wurde es.

Es ist am besten, diese Technik zu üben, wenn du nicht ängstlich bist. Geh die Schritte nur einmal am Tag durch, damit du sie wirklich verinnerlichst und leichter weißt, was du tust. Du solltest auch darauf achten, dass du die Punkte laut aufzählst oder sie dir deutlich vor Augen führst. Das hilft dir zu erkennen, was du siehst und erlebst, und erhöht den Nutzen der Methode.

Zum Schluss: Halte die Augen offen und wenn es dir wirklich schwerfällt, dann hol dir einen Freund zur Hilfe. Vor allem am Anfang fällt es dir vielleicht leichter, die Schritte mit einem Freund/einer Freundin durchzugehen, und allein die Interaktion mit ihm/ihr kann dir helfen, dich zu erden. Wenn du das Ende der Schritte erreicht hast, ist dein Stresslevel vielleicht viel niedriger als zu Beginn.

METHODE 2

Tiefes Durchatmen gegen den Stress

Tiefes Atmen ist eine der einfachsten und gleichzeitig wirkungsvollsten Techniken zum Stressabbau und wird seit Tausenden von Jahren praktiziert. Es gibt einen Grund, warum du ein Bild von jemandem im Kopf hast, der meditiert und tief atmet, wenn er sich gestresst fühlt und sich beruhigen muss. Durchatmen bei Stress ist praktisch Allgemeingut, aber nur wenige Menschen nehmen sich die Zeit, um zu lernen, wie man es richtig macht, um in den Genuss seiner Vorteile zu kommen.

Außerdem ist diese Methode der Stressreduzierung wissenschaftlich untermauert und das schon seit Jahrzehnten. Eine Studie aus dem Jahr 2007, die sich mit Stressbewältigungstechniken für Krankenschwestern und -pfleger befasste, stellte fest, dass eine drei- bis fünfminütige Tiefenatmung die Produktivität, die Zufriedenheit und das allgemeine Wohlbefinden der Krankenschwestern und -pfleger deutlich verbesserte.

Eine zweijährige Studie über medizinisches Personal und Akademiker, die im Jahr 2007 veröffentlicht wurde, kam zu dem Schluss.

"Die Technik der Tiefenatmungsmeditation wurde in jedem Schuljahr erfolgreich eingesetzt und bot den Schülern eine vielversprechende Lösung, um herausfordernde schulische und berufliche Situationen zu meistern."

Wenn du auf der Plattform Google Scholar (einer Datenbank/Suchmaschine für akademische Studien) nach Studien zum Thema Tiefenatmung suchst, erhältst du über 27.000 Ergebnisse. Das zeigt, wie wirkungsvoll und gut erforscht dieser Prozess ist. Und es verblüfft mich immer noch, dass du keine Hilfsmittel brauchst, um diesen Prozess zu praktizieren. Du hältst einfach inne, nimmst dir eine Auszeit und atmest durch.

Wie machst du das also?

Die häufigste Technik ist die Bauchatmung. Du kannst sie jederzeit anwenden, auch wenn du dich nicht besonders gestresst fühlst, und du wirst feststellen, dass du dich dadurch sehr ruhig und zentriert fühlst und klarer und präziser denken kannst. Du kannst dich besser konzentrieren und fühlst dich generell friedlicher. Hier sind die Schritte:

• Setze dich mit geradem Rücken auf den Stuhl oder lege dich flach hin. Wichtig ist, dass du eine bequeme Position einnimmst, die du für die nächsten Minuten halten kannst, ohne dich zu bewegen.

• Lege deine rechte Hand auf deinen Bauch in der Nähe deines Zwerchfells - zwischen deinen Rippen und deinem Bauch. Lege deine andere Hand flach auf deine Brust.

• Atme tief durch die Nase ein und dehne deinen Bauch beim Atmen aus. Spüre mit deiner Hand, wie die Luft deine Lunge füllt und deinen Körper ausdehnt. Achte jedoch darauf, dass du deinen Brustkorb so flach und ruhig wie möglich hältst.

• Wenn deine Lungen voll sind und du das Gefühl hast, dass du keine Luft mehr aufnehmen kannst, presse deine Lippen zusammen, als würdest du pfeifen, und stoße langsam und gleichmäßig die ganze Luft aus. Versuche, die Atmung so gleichmäßig wie möglich zu halten und die Geschwindigkeit von Anfang bis Ende beizubehalten, soweit du kannst. Nimm dir Zeit. Es gibt keinen Grund zur Eile.

• Wiederhole diesen Vorgang zwischen drei und zehn Mal. Denke daran, diesen Prozess nicht zu überstürzen. Man kann leicht in die Falle tappen, wenn man versucht, die Atemübungen so schnell wie möglich zu absolvieren, als ob man sich am Ende schneller besser fühlen würde. Das ist aber nicht der Fall. Das langsame Atmen hilft dir, deinen hektischen Geist zu entspannen.

Die oben beschriebene Methode der Bauchatmung ist zweifellos die einfachste Atemübung, die du machen kannst, denn du kannst sie jederzeit und überall machen und musst keine speziellen Techniken beherrschen. Du atmest einfach und kontrollierst die Tiefe und die Geschwindigkeit der Atemzüge. Es gibt jedoch auch fortgeschrittenere Atemtechniken, die für dich effektiver sein können. Du musst sie nur alle ausprobieren, um zu sehen, welche für dich am besten funktioniert.

Die erste fortgeschrittene Methode ist als 4-7-8-Methode bekannt. Sie ist der Bauchatmung sehr ähnlich und kann sowohl im Sitzen als auch im Liegen durchgeführt werden. Nimm einfach die gleiche Position ein wie bei der Bauchatmung und zähle beim Einatmen bis vier Sekunden. Du willst, dass dein Atem von Anfang bis Ende vier Sekunden lang ist. Es braucht ein bisschen Übung, um das richtig hinzubekommen, aber wenn du es einmal beherrschst, kann es sehr effektiv sein, also übe auf jeden Fall außerhalb von Stress.

Sobald du eingeatmet hast, halte deinen Atem sieben Sekunden lang an. Halte einfach den Atem an und zähle in deinem Kopf. Wenn die sieben Sekunden um sind, atme aus dem Mund aus (dieselbe Technik wie bei der Bauchatmung), aber lass das Ausatmen acht Sekunden lang andauern. Wiederhole diesen Vorgang drei- bis siebenmal, oder bis du dich ruhiger fühlst. Ich persönlich fühle mich nach einer Runde dieser Atemzüge ruhiger, also probiere es selbst aus und du wirst verstehen, was ich meine.

Es gibt noch weitere Atemübungen, die du ausprobieren kannst, wie z.B. eine morgendliche Atemroutine oder die Rollatmung. Diese sind aber erst zu empfehlen, wenn du die anderen Techniken geübt hast, denn wenn du neu in der Praxis bist, kann dir leicht schwindelig werden. Denk daran, dir Zeit zu nehmen und in deinem eigenen Tempo zu lernen. Stehe nach deiner Atemübung nicht überstürzt auf und höre einfach auf deinen Körper.

Unabhängig davon, welche Übung du machst, ist es wichtig, darauf zu achten, wie du dich fühlst, wenn die Atemübung vorbei ist. Nimm dir ein oder zwei Minuten Zeit, um darüber nachzudenken, wie du dich im Vergleich zum Beginn der Übung fühlst. Fühlst du dich ruhiger? Fühlst du dich weniger gestresst? Fühlst du dich entspannt und friedlich? Gibt es überhaupt eine Veränderung?

Egal, was du fühlst, es ist wichtig, dass du diese Gefühle anerkennst, sie bestätigst und sie als das akzeptierst, was sie sind. Ich selbst habe die Erfahrung gemacht, dass ich mich in 95 % der Fälle zumindest etwas ruhiger und geerdeter fühle und in den anderen 5 % der Fälle haben sich zumindest meine Gedanken beruhigt und ich kann klarer und zielgerichteter denken, anstatt nur zu versuchen, mich von meinem rasenden Verstand einfangen zu lassen.

Wenn du diesen Punkt erreichst, ist das ein enormer Fortschritt, wenn es darum geht, deine Tendenzen zum Überdenken zu überwinden und die Kontrolle zurückzugewinnen.

METHODE 3

Verstehe die Ursachen für deinen Stress

An diesem Punkt hast du zwei oder drei Möglichkeiten, mit Stress umzugehen, wenn du dich im Moment verloren fühlst. Es gibt noch weitere Techniken, die du anwenden kannst, z. B. einen Stressball zu drücken oder dich aus der Situation zu lösen und einen kurzen Spaziergang zu machen, um deinen Kopf frei zu bekommen. Die genannten Methoden haben sich jedoch bewährt und helfen dir, deinen Stresspegel zu senken.

Das heißt nicht, dass alles perfekt sein wird. Es wird immer noch Zeiten geben, in denen du gestresst bist und dich in deinen Gedanken verlierst. Niemand ist perfekt. Es wird gute Zeiten und schlechte Zeiten geben. Der Trick ist, dass du versuchst, diesen Stress so weit wie möglich zu reduzieren, und zwar individuell, ohne dich mit anderen zu vergleichen. Je mehr du übst, desto besser wirst du. Diese Techniken sind jedoch kurzfristige Lösungen für ein langfristiges Problem.

Du wirst dich auf ein positives, friedliches und glückliches Leben zubewegen, wenn du anfängst, deine Stressquellen zu identifizieren und alles zu tun, um sie zu beseitigen. In allen Lebensbereichen ist Vorbeugen immer besser als Heilen, und wenn du etwas Schlimmes verhindern kannst, dann verhinderst du, dass du überhaupt gestresst wirst.

Es gibt jedoch keine einfachen Lösungen. Du kannst nicht einfach mit den Fingern klicken und der Stress verschwindet. Mit der Zeit und den Veränderungen in deinem Leben werden Stressfaktoren kommen und gehen. Manche sind groß. Andere sind klein. Nicht der Stressfaktor ist das Problem, sondern wie du mit ihm umgehst.

Also, wo fängst du an? Nimm dir einen Stift und ein Blatt Papier und lass es uns herausfinden.

Erstens wird es Stressfaktoren geben, von denen du weißt, dass sie da sind und die keiner Erklärung bedürfen. Mit Anfang 20 war ich ein bisschen dumm und nahm einen Kredit auf, den ich mir nicht leisten konnte. Als ich eine Zahlung verpasste und mir Zinsen auferlegt wurden, die die Zahlungen lächerlich machten, fühlte ich mich unglaublich gestresst. Ich brauchte niemanden, der mir sagte, dass mein finanzieller Stress ein ernsthaftes Problem in meinem Leben war. Natürlich ist das kein Problem, das sich über Nacht lösen lässt.

Das Wichtigste für mich war, dass ich ein Problem hatte und dass ich an Lösungen arbeiten musste. Das bedeutete, die Abonnements zu kürzen, Geld zu sparen, wo ich konnte, und die Schulden in größeren Stücken abzuzahlen. Ich machte einige Überstunden auf der Arbeit und arbeitete monatelang hart, bis ich meine Schulden abbezahlen und mich endlich von dem Stress befreien konnte.

Einige Beispiele für bekannte Stressquellen in unserem Leben sind:

● Finanzielle Fragen

- Gesundheitliche Probleme (physisch und psychisch)

- Probleme oder Konflikte bei der Arbeit

- Konflikte in deiner Familie oder deinen Freundschaften

- Geliebte Menschen verlieren

- Du verlierst deinen Job

- An einer Verletzung leiden

- Etwas zu verlieren, das dir wichtig ist

- Mit einem Freund streiten

Das sind alles berechtigte Gründe für Stress, und du weißt, dass dich diese Dinge stressen. Wenn du dich wegen einer dieser Dinge oder wegen etwas, das in deinem Leben passiert, gestresst fühlst, atme tief durch und denke daran, dass diese Situationen und ihre Auswirkungen nicht ewig andauern. Alles ist nur vorübergehend. Die meisten dieser Probleme sind nur von kurzer Dauer (selbst wenn das Problem ein paar Monate andauert, ist es immer noch vorübergehend) und es ist ein guter Ansatz, den Stress mit kurzfristigen Methoden zu lindern.

Es gibt jedoch auch Situationen, in denen die Ursachen für Stress nicht so offensichtlich sind, und du musst in deinem Leben proaktiv handeln, wenn es darum geht, diese herauszufinden. Wenn du dir nicht bewusst bist, dass dich etwas stresst, wie willst du dann jemals etwas dagegen tun?

Der erste Schritt, um das Problem zu finden, ist die Suche nach den Anzeichen. Schon die Lektüre dieses Kapitels wird dir helfen, herauszufinden, wann die Dinge nicht so sind, wie sie sein sollten, also öffne deinen Geist und lass die folgenden Informationen auf dich wirken.

Stress äußert sich in deinem Leben auf unterschiedliche Weise, aber es gibt immer ein Zeichen. Diese können körperlich oder geistig sein. Du kannst dich fühlen:

- Schmerzen irgendwo in deinem Körper

- Kopfschmerzen

- Verspannungen in deinen Muskeln

- Verdauungsprobleme wie Verstopfung oder Übelkeit

- Übermäßige Regelschmerzen

- Verpasste Perioden

- Eine Veränderung deines Sexualtriebs

- Erhöhte Herzfrequenz

- Unruhe

- Schlaflosigkeit und Schlafschwierigkeiten

- Andere Veränderungen im Schlafverhalten

- Veränderungen in deiner Ernährung oder deinem Appetit

- Mangelnde Motivation

- Zunehmende schlechte Angewohnheiten oder Eskapismus (z. B. Fressen oder Fernsehen)

- Erhöhte oder gesteigerte Emotionen

- Konzentrationsschwäche

Wenn du dich anders fühlst als sonst, bedeutet das in der Regel, dass dich etwas bedrückt und du herausfinden musst, wie du dich fühlst und warum. Manchmal bist du vielleicht in einer Situation, in der du dich gestresst fühlst. Nach einem Streit spürst du vielleicht einen Adrenalinstoß und Wut, und es ist klar, warum du dich so fühlst.

Andererseits kann es sein, dass dich jemand in kleinen Dingen irritiert, die sich im Laufe der Tage und Wochen häufen. Vielleicht merkst du gar nicht, wie sich der Stress aufbaut, aber nach ein paar Wochen fühlst du dich vielleicht gestresst und weißt nicht, warum.

Der Trick ist, auf die Symptome zu achten. Je mehr du das tust, desto besser erkennst du deine individuellen Anzeichen von Stress. Jeder Mensch ist anders, und Stress wirkt sich auf unterschiedliche Weise auf uns aus. Wenn du die Anzeichen bemerkt hast und weißt, dass du gestresst bist, ist es an der Zeit herauszufinden, warum.

Achte darauf, wann du deine Stresssymptome wahrnimmst, und du wirst schnell erkennen, was dir Stress bereitet. Das erfordert ein gewisses Maß an Selbsterkenntnis und Achtsamkeit, aber wenn du deinen Gedanken und Gefühlen im Laufe des Tages mehr Aufmerksamkeit schenkst, kannst du herausfinden, was dir Stress bereitet.

Um all das zusammenzufassen, ist diese Methode einfach und prägnant.

Schreibe zu Beginn auf, was dir Stress bereitet. Dann schreibst du auf, wie du dich fühlst, wenn du an diese Themen denkst oder von ihnen gestresst wirst. Denke dann an andere Bereiche in deinem Leben, in denen du die gleichen Stresssymptome spürst, und versuche herauszufinden, warum du dich so fühlst.

Bist du in einem Konflikt? Musst du etwas sagen? Willst du dich ausdrücken? Vor kurzem sprach ich mit meiner Freundin Nicole darüber, dass sie Brautjungfer auf der Hochzeit ihres Freundes sein wird. Sie war aufgeregt, aber irgendetwas schien nicht zu stimmen. Ich fragte sie danach und sie sagte, sie wisse nicht warum, aber sie fühle sich komisch, wenn sie zu der Hochzeit gehe. Sie fragte mich um Rat und ich sagte ihr dasselbe, was ich dir jetzt sage.

Ich sagte ihr, sie solle nach Hause gehen und aufschreiben, was sie fühlt, wenn sie gestresst ist. Sie soll die Dinge in ihrem Leben aufschreiben, von denen sie weiß, dass sie Stress verursachen und wie sie sich dabei fühlt. Dann sagte ich ihr, sie solle darauf achten, wann sie die gleichen Gefühle in anderen Bereichen ihres Lebens hatte und aufschreiben, wann sie sich so fühlte und woran sie dabei dachte.

Nachdem sie diese Methode eine Woche lang ausprobiert hatte, merkte sie bald, dass sie sich über ihre Position im Leben aufregte. Alle ihre Freunde wurden befördert, gründeten Familien und heirateten, aber sie hatte nichts davon und hatte das Gefühl, dass sie zurückfiel, keinen Erfolg hatte und im Grunde nicht dort war, wo sie sein wollte. Als sie sich dessen bewusst wurde, begann sie, Dankbarkeitstagebücher zu führen und fühlte sich inspiriert, etwas zu tun, wovon sie schon immer geträumt hatte: Sie eröffnete eine Kunstgalerie, die letzte Woche ihre erste Ausstellung hatte.

Nicht alle Aspekte von Stress können beseitigt werden - im Gegenteil. Du kannst nicht alles in den Griff bekommen oder lösen, und du kannst auch nicht in einen Zustand gelangen, in dem du nie wieder Stress empfindest. Was du tun kannst, ist, dir bewusst zu machen, was dich stresst, und Maßnahmen zu ergreifen, sei es, indem du die Belastung reduzierst, deine Perspektive änderst oder das Problem lösst. Weniger Stress bedeutet weniger Überdenken.

METHODE 4

Ein Stress-Tagebuch führen

Neben der oben beschriebenen Methode gibt es noch eine weitere fantastische Möglichkeit, um zu beobachten, wann, wo und wie du gestresst bist: das Führen eines Stress-Tagebuchs. Wahrscheinlich hast du schon einmal von den Vorteilen eines Tagebuchs gehört, vor allem, wenn du dich in der Selbsthilfebranche auskennst. Es ist eine der meistdiskutierten Lebensgewohnheiten, und das aus gutem Grund.

Einige der Vorteile, die du genießen wirst, sind:

• Geringere Angst und Depression

• Die Fähigkeit, deine Ziele zu klären und zu fokussieren

• Verbesserung der Achtsamkeit

• Verbessert deinen IQ

• Hilft dir, über vergangene Ereignisse nachzudenken, sie zu akzeptieren und sie hinter dir zu lassen

• Hilft deinen Verletzungen, schneller zu heilen (ja, eine medizinische Studie in Neuseeland hat das bewiesen!)

• Kann dein Immunsystem stärken

- Hilft dir, aus deinen Erfahrungen zu lernen und zu wachsen

- Verbessert deine Kommunikationsfähigkeiten

- Verbessert deine Schlafqualität

- Verbessert deine Gedächtnisleistung

- Hilft dir, deine Ziele zu planen und zu erreichen

- Hilft dir, glücklicher zu werden und verbessert deine Stimmung

- Hilft dir, Probleme in deinem Leben zu lösen

Im Grunde genommen geht die Liste weiter und weiter. Einige von ihnen mögen zugegebenermaßen seltsam erscheinen. Kann Tagebuchschreiben wirklich die Funktion deines Immunsystems verbessern? Eigentlich ja. Der Psychologe James Pennebaker fand heraus, dass das Führen von Journalen die Zellen des Immunsystems, die so genannten T-Lymphozyten, stärkt. Je bewusster du deine Lebensereignisse wahrnimmst, desto weniger Stress hast du, was bedeutet, dass du weniger Cortisol ausschüttest, was letztendlich bedeutet, dass dein Körper auf einem höheren Niveau arbeiten kann. Es ist schon verrückt, wie viel positive Wirkung eine einfache Gewohnheit haben kann.

Auch wenn ich von einer einfachen Gewohnheit spreche, weiß jeder, der schon einmal versucht hat, ein Tagebuch zu führen, dass es nicht so einfach ist, sich das anzugewöhnen, wie es scheint. Ein schlechter oder anstrengender Tag, ein langweiliger Tag, an dem es nichts zu schreiben gibt, oder ein einfacher Mangel an Energie vor dem Schlafengehen kann dazu führen, dass du einen Tag verpasst, dann zwei, dann drei und so weiter. Ich habe die Erfahrung gemacht, dass das Schreiben von Tagebüchern eine der schwierigsten Gewohnheiten ist, die man sich aneignen kann, auch wenn ich von den Vorteilen weiß.

Im Laufe der Jahre habe ich gelernt, dass es dafür einen ganz einfachen Grund gibt. Meinem Tagebuchschreiben fehlte die Richtung. Weil ich mich jeden Tag ohne Plan hingesetzt habe, in der Hoffnung, aufzuschreiben, was ich erlebt habe und wie ich mich fühle, habe ich an den Tagen, an denen nicht viel passiert ist oder an denen ich einfach keine Lust zum Schreiben hatte (das sind die Tage, an denen du am meisten davon profitierst, wenn du einen Stift in die Hand nimmst), am meisten verpasst.

Als ich jedoch meine Perspektive auf das Tagebuchschreiben änderte und mir das Ziel setzte, über etwas Bestimmtes zu schreiben, änderte sich alles und die Gewohnheit wurde schnell zur Gewohnheit. Deshalb ist es so wichtig, dass deine Ziele klar, deutlich und präzise sind. Je detaillierter dein Plan ist (auch wenn er sich im Laufe der Zeit ändert), desto wahrscheinlicher ist es, dass du ihn umsetzt, weil du eine klare Richtung vor Augen hast.

Um diesen Gedankengang auf dieses Buch zu übertragen, ist es an der Zeit, dein eigenes Stresstagebuch zu führen. Hier erfährst du, wie du es für dich nutzen kannst.

Besorge dir zunächst ein Medium zum Schreiben. Ich empfehle dir, dir ein schönes Notizbuch zu besorgen, in das du schreiben kannst, denn hier kannst du dich selbst kennenlernen und verstehen, wie dein Geist funktioniert. Wenn das Schreiben mit der Hand nichts für dich ist, kannst du natürlich auch einen Computer benutzen. Ich persönlich bevorzuge die Premium-Version der Diarly-App, aber auch ein Word-

Dokument kann funktionieren, wenn du damit zufrieden bist.

Ich würde davon abraten, dein Handy zu benutzen, denn es ist viel zu leicht, beim Schreiben durch Benachrichtigungen abgelenkt zu werden, und es nützt nichts, wenn du versuchst zu schreiben und dich dabei immer wieder dem Sog der sozialen Medien oder des Internets ausgesetzt siehst. Wenn du die nötige Disziplin hast oder lieber eine Tagebuch-App benutzt (es gibt viele gute Apps in deinem bevorzugten App-Store), kannst du das gerne tun. Auch hier geht es darum, herauszufinden, was für dich funktioniert.

Jetzt, wo du deinen Schreibplatz hast, solltest du dir überlegen, wann du schreiben willst. Es ist sehr empfehlenswert, dass du dir eine gute Zeit aussuchst, in der du dich jeden Tag hinsetzt und in dein Tagebuch schreibst, denn das bringt den größten Nutzen und hilft dir, es dir anzugewöhnen. Einfach nur zu sagen, dass du jeden Tag schreibst, ist bei weitem nicht prägnant genug. Denke daran: Je klarer und präziser du deine Ziele formulierst, desto wahrscheinlicher ist es, dass du sie erreichst.

Such dir also eine Zeit aus, die dir passt, und versuche, dich so gut wie möglich daran zu halten. Idealerweise schreibst du dein Tagebuch am Ende des Tages, denn dann kannst du über alles nachdenken, was passiert ist, solange es noch frisch in deinem Kopf ist und die Gefühle noch präsent sind. Auch hier kommt es wieder auf dich und dein Leben an. Wenn du abends viel zu tun hast, kannst du es auch früher tun.

Jetzt kommt der spaßige Teil. Schreiben. Beginne damit, eine kleine Zusammenfassung deines Tages und aller wichtigen Ereignisse zu schreiben. Wenn etwas Stressiges passiert ist, nimm dir die Zeit, mehr darüber zu schreiben. Schreibe über die Situation und warum du dich gestresst gefühlt hast. Schreibe über die Gefühle, die dabei aufkamen, das Schlechte an der Situation und das Gute daran. Schreibe über mögliche Lösungen oder über deine Gefühle, die du hast. Schreibe alles auf, was dir in den Sinn kommt, aber beurteile nicht, was du schreibst. Selbst wenn du jemandem das Schlimmste gewünscht hast, weil er dich verarscht hat, schreibe es einfach auf und lass es raus. Denk daran, dass dein Tagebuch ein sicherer Ort ist, an dem du deine Gedanken und Gefühle ehrlich ausdrücken kannst.

Versuche, fünf Minuten zu schreiben, wenn du kannst, aber schreibe so lange, wie du willst, aber fühle dich nicht gezwungen, weiterzumachen. Wenn du anfängst, dir Gedanken darüber zu machen, was du schreiben sollst und dich nicht angemessen ausdrückst, ist das eine weitere Form des Überdenkens. Es gibt keinen richtigen oder falschen Weg, also erinnere dich daran, dass es keinen Grund gibt, sich zu stressen. Schreib einfach, bis du zufrieden bist und lass es dabei bewenden.

Das ist wirklich alles, was du tun musst. Die Vorteile dieses Tagebuchs liegen im Schreiben selbst. Wenn du deine Gedanken und Gefühle aufschreibst, bekommst du eine Menge Klarheit und ein hohes Maß an Reflexion, die du sonst nicht bekommen würdest.

Das Problem beim Überdenken ist, dass die Gedanken in deinem Kopf nicht geordnet sind, so dass sie immer wieder umherschwirren, neue Punkte finden und zu alten zurückkehren, und so geht es immer weiter. Wenn du deine Gedanken aufschreibst, bekommst du eine Struktur und kannst sie aus deinem Kopf verbannen und loslassen.

Wenn du dir bei dieser Methode noch unsicher bist, nimm dir einen Moment Zeit und probiere sie jetzt aus. Denke an ein Problem in deinem Leben, über das du nachdenkst, und schreibe einfach zehn

Aufzählungspunkte zu diesem Thema. Die Aufzählungspunkte können alles sein - Gedanken, Gefühle, Details. Es spielt wirklich keine Rolle. Nimm dir einfach zehn Stichpunkte vor, schreibe sie auf und schau, wie du dich fühlst. Ich versichere dir, das wird dein Beweis sein.

METHODE 5

Autogenes Training meistern

Bis jetzt waren die Methoden, die wir erforscht haben, ziemlich selbsterklärend und einfach. Es sind grundlegende Methoden, die dir helfen, Stress zu bewältigen. Aber jetzt, wo du die Grundlagen kennst, bist du bereit, etwas Fortgeschritteneres auszuprobieren - Autogenes Training.

Dies ist eine spezielle Technik, deren einziges Ziel es ist, Gefühle der Ruhe und Entspannung in dir zu fördern, egal was um dich herum passiert. Wenn du die Intensität von Stress, Angst und übermäßigem Denken spürst, ist dies ein großartiges Hilfsmittel, das du bei dir tragen kannst, wenn du es brauchst. Neuropsychologen und andere Fachleute empfehlen diese Methode, um mit überwältigenden Emotionen umzugehen, insbesondere mit Stress, Traurigkeit und Frustration.

Sie wurde in den 1920er Jahren entwickelt und wird am häufigsten von Menschen eingesetzt, die sich einer kognitiven Verhaltenstherapie (CBT) unterziehen, kann aber bei Bedarf auch als eigenständiges Verhaltenstool verwendet werden. Es ist wissenschaftlich erwiesen, dass diese Technik funktioniert. Vor allem eine 2008 durchgeführte Überprüfung mehrerer Studien (*Relaxation training for anxiety: a ten-years systematic review with meta-analysis*) ergab, dass autogenes Training sehr effektiv zur Verringerung von Angstsymptomen ist und zur

Reduzierung des täglichen Stresses und zur Bewältigung von Panikattacken empfohlen wird, die alle mit übermäßigem Denken zusammenhängen.

Es gibt auch noch andere nachgewiesene Vorteile, vor allem solche, die als Nebeneffekte von Menschen, die an der Praxis teilnehmen, und aus persönlichen Erfahrungen stammen. Zu diesen Vorteilen gehören Dinge wie ein größeres Selbstwertgefühl und mehr Selbstvertrauen. Die Menschen berichten, dass sie besser mit Stress umgehen können und sich in stressigen Situationen besser konzentrieren und sammeln können. Die meisten Menschen geben an, dass sie sich in ihrem täglichen Leben generell positiver fühlen.

Da die Vorteile der Praxis klar und bewiesen sind, lass uns mit der Praxis beginnen. Das Format kann zwar von Person zu Person variieren, aber die folgende Methode gilt im Allgemeinen als Basis.

Stelle zunächst sicher, dass du eine bequeme und entspannte Position einnimmst, entweder im Sitzen, auf dem Rücken liegend oder im Liegen. Es ist egal, was du tust. Wichtig ist nur, dass du es bequem hast und ein paar Minuten sitzen kannst, ohne dass du es dir bequemer machen musst.

Schließe deine Augen, atme ein paar Mal tief durch, wie wir es bereits besprochen haben, und füge dann einige verbale Hinweise hinzu. Im Idealfall sprichst du sie kurz und ruhig laut aus oder lässt sie dir von jemandem vorlesen. Wenn du aber in einer Situation bist, in der du etwas leiser sein musst, kannst du sie auch in deinem Kopf sagen.

Die Liste der Stichwörter kann wie folgt aussehen:

- Ich bin ganz ruhig (sag einmal).

- Mein linker Arm ist schwer (sage sechsmal).

- Ich bin ruhig (sag einmal).

- Mein rechter Arm ist warm (sechsmal sagen).

- Ich bin ganz ruhig (sag einmal).

- Mein Herz schlägt ruhig und doch zielstrebig (sag sechsmal).

- Ich bin ganz ruhig (sag einmal).

- Meine Atmung ist ruhig und regelmäßig (sage sechs Mal).

- Ich bin ganz ruhig (sag einmal).

Natürlich kannst du die Stichwörter so abändern, dass sie sagen, was du willst. Wenn du zum Beispiel Stress in den Schultern spürst, kannst du den rechten Arm durch deine Schulter ersetzen und deinen Fokus auf diesen Bereich lenken. Du kannst auch so viele Bereiche hinzufügen, wie du willst, und du kannst so lange weitermachen, wie du willst. Wenn du einen Ganzkörperscan machen willst, beginne mit deinem Kopf und gehe hinunter zu deinen Zehen.

Meistens sagt jemand: "Deine Arme sind fest und geerdet, atme tief durch und öffne deine Augen", und damit schließt du deine Übung ab und kehrst mit einem geerdeten und friedlichen Geisteszustand in die reale Welt zurück. Bei dieser Art von Übung geht es darum, Ruhe und Frieden in dein Leben zu bringen, vor allem, wenn du das Gefühl hast, dass du zu viel nachdenkst oder der Stress dich übermannt.

Um dir eine Vorstellung davon zu geben, wie wirkungsvoll diese sich wiederholende Übung ist, wird sie vor allem bei Panikattacken, chronischen Schmerzen, Herzklopfen und Phobien eingesetzt. Je öfter du autogenes Training praktizierst, desto effektiver und vorteilhafter werden die Ergebnisse, weil du dein Gehirn aktiv darauf trainierst, sich auf diese Absichten zu konzentrieren. Du trainierst dich selbst, ruhiger und friedlicher zu werden, und das ist genau das, was die Übung erreicht.

Es ist völlig sicher. Mach es einfach in deinem eigenen Tempo oder, wenn du die Möglichkeit hast, mit einem professionellen oder geschulten Therapeuten, der dich durch den Prozess führen kann und dir die Fähigkeiten beibringt, es in Zukunft selbst zu tun.

METHODE 6

Wie du dich konzentrierst und Prokrastination vermeidest

Für mich ist einer der größten Nachteile, wenn ich mich gestresst fühle, die Prokrastination. Wenn ich mich gestresst fühle oder ständig zu viel nachdenke, was meist mit negativen Gefühlen wie Angst oder Traurigkeit verbunden ist, tue ich alles, was ich kann, um nicht zu denken. Das kann bedeuten, dass ich Netflix oder YouTube anschalte, Videospiele spiele, die ganze Zeit schlafe oder Unmengen von Junkfood esse.

Wegen der Zeit, die ich damit verbringe, durch diese Aktivitäten zu flüchten, schaffe ich in diesen schwierigen Zeiten nicht viel Arbeit, was mich noch mehr stresst und dazu führt, dass ich noch mehr prokrastiniere - ein Teufelskreis, der immer schwerer zu durchbrechen ist. Es ist aber nicht unmöglich, ihn zu durchbrechen, wenn du die Tricks, Tipps und Strategien kennst, die dich wieder auf Kurs bringen.

Es wäre natürlich mühelos, ein ganzes Buch über dieses Thema zu schreiben, aber ich werde dieses Thema auf ein paar umsetzbare Punkte herunterbrechen, die mir in der Vergangenheit geholfen haben, wieder in die Spur zu kommen. Wenn ich wieder auf dem richtigen Weg bin, kann ich mich konzentrieren und die Dinge erledigen. Das bedeutet weniger Stress, weniger Überlegungen und insgesamt mehr Glück und Frieden in mir selbst.

Es lässt sich nicht leugnen, dass das Problem, sich nicht konzentrieren zu können, dem exzessiven Überdenken zu erliegen, folglich zu prokrastinieren, und der Stress und die negativen Emotionen einen großen Teil meines Lebens ausmachten und mich massiv behinderten. Das könnte auch in deinem Leben der Fall sein, vielleicht mit unterschiedlichen Auswirkungen. Hier sind ein paar Tipps, wie du mit diesem Problem umgehen kannst:

Die kleinen Veränderungen machen

Beginne damit, dir dein Fundament anzuschauen - wo du gerade bist. Wirf also einen langen Blick in den Spiegel. Was hält dich zurück? Wann lässt du dich ablenken, und was ist der Grund dafür? Du wirst feststellen, dass es offensichtliche Ablenkungen gibt, aber auch solche, die nicht offensichtlich sind. Wenn du zum Beispiel am Schreibtisch arbeitest und dein Handy dabei hast, ertappst du dich dann dabei, dass du es immer wieder in die Hand nimmst, kurz scrollst, dich wieder an die Arbeit machst, es wieder in die Hand nimmst und so weiter?

Dann weißt du, dass dein Telefon eine Ablenkung ist. Frag dich, warum du es in die Hand nimmst. Für mich war eine der schlimmsten Zeiten, als ich mich von meinem Ex-Freund getrennt hatte. Da ich ein wenig an ihm hing, nahm ich mein Handy in die Hand, um zu sehen, ob er online war, etwas auf Instagram gepostet hatte oder aktiv war. Ich weiß, "anhänglich" ist eine Untertreibung, und das habe ich zum Glück durch eine Beratung in den Griff bekommen, aber das hat mich nicht davon abgehalten, mich in anderen Bereichen meines Lebens von der Technik ablenken zu lassen.

Überleg mal, wie oft du zum Telefon greifst, fernsiehst oder deine E-Mails abrufst, obwohl du weißt, dass du eigentlich etwas anderes tun solltest. Das ist ein großes Problem in der modernen Welt, weil es so einfach ist. Es ist so einfach, dein Handy in die Hand zu nehmen, eine App anzutippen und loszuscrollen. Es ist schwieriger, sich hinzusetzen und die Arbeit zu erledigen. Es ist viel schwieriger, sich hinzusetzen und sich dem Stress oder den Problemen zu stellen, die du gerade durchmachst, als Netflix zu schauen, weshalb du zu viel nachdenkst. Dein Gehirn versucht, die Probleme in deinem Leben zu lösen, wenn es die Gelegenheit dazu hat, weil du es nicht mit Inhalten und interaktiven Medien ablenken kannst.

Das bringt uns zurück zu diesem ersten Punkt. Du musst einen Raum in deinem Leben schaffen, in dem du frei von Ablenkungen bist. Das kann so einfach sein, dass du dein Handy in einem anderen Raum liegen lässt, einen Website-Blocker installierst oder die Fernbedienung deines Fernsehers in einen Schrank stellst. Egal, was dich ablenkt, der Trick ist, dass du zusätzliche Maßnahmen ergreifst, um dich nicht ablenken zu lassen. Wenn du dein Handy in einem anderen Raum liegen lässt, greifst du vielleicht instinktiv danach, obwohl du es nicht bei dir hast (ich tue das immer noch), merkst aber, dass du es im anderen Raum liegen gelassen hast. Wahrscheinlich hast du keine Lust, es zu holen, also tust du es auch nicht. Stattdessen machst du einfach mit dem weiter, was du eigentlich tun solltest.

Bei dieser Strategie geht es darum, Ablenkungen zu minimieren, um das Risiko zu minimieren, dass du etwas anderes zu tun findest, anstatt dich auf das zu konzentrieren, was du erledigen musst.

Organisiert und fokussiert werden

Eines der größten Probleme, auf die ich gestoßen bin, als ich versucht habe, mich zu konzentrieren, war nicht der Stress oder die überwältigende Arbeitsbelastung, was mich überrascht hat. Das Hauptproblem war die Tatsache, dass ich nicht organisiert war. Meine Arbeitsablaufstruktur (um einen Fachbegriff zu verwenden) war völlig durcheinander und ich konnte meine Zeit nicht gut einteilen. Weil ich das Gefühl hatte, nichts zu schaffen und meine Aufgabenliste immer länger wurde, geriet ich in Stress. Ich ließ das an mir selbst oder an anderen aus und dachte ständig darüber nach, wie sehr ich versagt hatte, wie lange ich den Abgabetermin nicht einhalten konnte, was mein Chef sagen würde, was mein Partner darüber dachte, dass ich die ganze Zeit arbeitete, und so weiter. Ich war geistig nicht gut drauf.

Anstatt in dieser Schleife festzustecken, habe ich gelernt, wie ich mich organisiere, meine Zeit gut einteile und Dinge erledige, was es mir im Grunde ermöglicht hat, mein tägliches Leben zu meistern, Stress abzubauen, die Produktivität zu steigern und Frieden zu finden. Glaube nicht, dass diese Tipps nur für traditionelle Arbeitsabläufe gelten. Wenn du ein vielbeschäftigter Student bist, ein hektischer Elternteil, ein neues Projekt oder Hobby beginnst oder einfach nur versuchst, einen anstrengenden Tag aufzuholen, werden dir diese Strategien zehnfach helfen.

Schreibe zuerst eine Liste. Ob auf deinem Handy, deinem PC oder einem Stück Papier, das spielt keine Rolle. Schreibe alles auf, was dir einfällt, auch die kleinen Dinge, von denen du denkst, dass sie nicht aufgeschrieben werden müssen, wie das Aufladen deines Handys, das Mittagessen oder einen Anruf. Diese kleinen Mikroaufgaben sind die wichtigsten. Schreibe sie alle in beliebiger Reihenfolge auf.

Gehe jetzt die Liste durch und markiere die drei wichtigsten Aufgaben, die du an diesem Tag erledigen musst. Das sind auf jeden Fall die Aufgaben, an denen du zuerst arbeiten wirst. Achte darauf, dass du die Aufgaben in der Reihenfolge ihrer Wichtigkeit mit eins, zwei und drei beschriftest. Wenn du durch deinen Tag gehst, erledigst du die erste Aufgabe und weil du weißt, was du tust, musst du nicht mehr nachdenken. Du schaust einfach auf deine Liste und weißt, was du zu tun hast, ohne zu viel nachzudenken oder dich zu stressen.

Wenn du die erste Aufgabe erledigt hast, gehst du zur zweiten und dann zur dritten über. Wenn du es schaffst, während des Tages noch etwas anderes zu erledigen, ist das ein Bonus und du fühlst dich dank der Dopaminausschüttung, die du bekommst, wenn du deine To-Do-Liste abarbeitest, zweifelsohne gut. Wenn du in der Zwischenzeit zeitkritische Aufgaben erledigen musst, z. B. einen Anruf tätigen oder deine Kinder von der Schule abholen, schreibe sie auf die Liste und mache sie zu einem Teil deines Tagesplans.

Selbst wenn du an einem Projekt arbeitest, das den ganzen Tag oder Wochen in Anspruch nimmt, musst du die Aufgabe in einfache Schritte unterteilen, die du abhaken kannst. Das Schreiben eines Buches zum Beispiel, eine Aufgabe, die mehrere Monate dauern kann, kann wie folgt aufgeteilt werden:

• Schreibwaren und Computer einrichten

• Aktiviere den Blocker für Ablenkungs-Websites

• Bring dein Telefon in den anderen Raum

- Finde eine Wiedergabeliste zum Schreiben, die sechs Stunden lang hält

- Hol dir einen Kaffee und minimiere andere Ablenkungen

- Schreibe die Gliederung

- Schreibe eine Einleitung

- Kapitelzusammenfassungen schreiben

- Kapitel eins schreiben

- Schreibe Kapitel 2...

- ...Fazit schreiben

- Nochmal lesen und gründlich bearbeiten

- Ein weiterer harter Schnitt

- Beta-Leser finden

- Und so weiter

Die obige Liste würde sich über mehrere Monate erstrecken, und auf Tagesbasis würdest du sie noch weiter unterteilen. Angenommen, du würdest das erste Kapitel an einem Tag schreiben, dann könnte deine Aufgabenliste so aussehen:

- Frühstück essen

- Schreibe von 9 - 12

- Mittag essen

- Geh mit dem Hund spazieren

- Schreibe von 1:30 - 3

- Kinder abholen

- Sauberes Haus

- Und so weiter

Damit diese Methode funktioniert, schreibst du alles auf und streichst die erledigten Aufgaben durch. Das ist der Grund, warum wir selbst die kleinsten Aufgaben auflisten. Jedes Mal, wenn du eine Aufgabe erledigst und durchstreichst, schüttet dein Gehirn Dopamin aus, weil du etwas erreicht hast, und das fühlt sich gut an. Dein Gehirn will mehr davon. Als ich anfing, hatte ich sogar Aufgaben wie auf die Toilette gehen und ein Glas Wasser trinken, weil mich das durch den Tag brachte. Es gibt keine Aufgabe, die zu klein oder zu unwichtig für deine Liste ist.

Probiere es selbst aus und finde heraus, wie nützlich diese Methode sein kann.

Wie ich schon sagte, könntest du ein ganzes Buch darüber schreiben, wie du dich konzentrieren und die Prokrastination besiegen kannst, und es gibt eine Menge davon. Ich empfehle dir, dich mit Prokrastination oder mangelnder Konzentration auseinanderzusetzen, um herauszufinden, ob es sich um ein echtes Problem handelt, das dich behindert. Wenn du diese Tipps befolgst, kannst du schon einiges ändern. Wenn du dich konzentrierst und Dinge erledigst, reduzierst du den Stress, dem du ausgesetzt bist, und verringerst das Risiko, dass du dich im Grübeln verlierst.

METHODE 7

Wie man mit stressigen externen Faktoren umgeht

Zum Abschluss unseres ersten Kapitels über die Überwindung von Stress, der dich zum Nachdenken bringt, wollen wir das vielleicht wichtigste Thema ansprechen: den Umgang mit stressigen Situationen. Obwohl viele von uns versuchen, ihr ganzes Leben lang glücklich und friedlich zu sein, werden wir zweifellos auf stressige Situationen stoßen. Sie sind unvermeidlich.

Egal, ob du auf der Straße wütend wirst, weil dir jemand den Weg abschneidet, eine Panne hast, wenn du zur Arbeit musst, eine Geldstrafe oder eine unerwartete Rechnung erhältst, herausfindest, dass du betrogen wurdest, jemandem begegnest, der einen schlechten Tag hat, oder einfach nur mit dem falschen Fuß aufstehst - Stresssituationen gibt es überall und sie kommen auf dich zu, wenn du es am wenigsten erwartest. Du musst wissen, wie du mit diesen Situationen umgehen kannst, damit sie dich nicht auffressen.

Wenn du stressige Situationen persönlich nimmst und sie an dich heranlässt, wirst du dich gestresst und ängstlich fühlen und zu viel nachdenken. Früher bin ich so schlecht mit Situationen umgegangen, dass ich dachte: "Warum passiert mir immer so etwas? Was habe ich getan, um das zu verdienen? und Warum passiert mir das immer?" Wenn du anfängst, dich dafür zu verurteilen, wie du mit einer Situation umgegangen bist oder was du hättest anders machen können, steigt die Gefahr, dass du zu viel nachdenkst.

Wie gehst du also mit stressigen Situationen um?

Das Wichtigste ist, dass du dich nicht in einer Situation verhedderst. Wenn du das kannst, bist du in der Lage, mit allem fertig zu werden. Egal, ob eine Situation positiv oder negativ ist, es ist so leicht, sich im Moment zu verlieren und sich in Emotionen oder Gedanken zu verlieren. Angenommen, du befindest dich in einer Situation, in der dein Chef dich und dein Team anschreit, weil ein Termin nicht eingehalten wurde. Man tappt leicht in die Falle, alles persönlich zu nehmen und als persönlichen Angriff zu werten - aber das ist es nicht. Dein Chef gibt nur wieder, wie er sich fühlt, also gibt es keinen Grund, Angst zu haben, sich aufzuregen oder gestresst zu sein. Wenn dein Chef schreit, wird die Frist nicht eingehalten und es wird auf lange Sicht auch nichts besser werden. Diese Einstellung ist der Schlüssel dazu, dich nicht in die Situation hineinziehen zu lassen und dich von ihr beeinflussen zu lassen.

Da du eine Situation aus der Ich-Perspektive (deiner Perspektive) erlebst, ist sie sehr real, weil sie dir widerfährt, aber versuche, jede stressige Situation aus der Vogelperspektive zu betrachten. In diesem Beispiel hat sich dein Chef wahrscheinlich sehr über dich geärgert, weil du den Abgabetermin nicht eingehalten hast. Weil sie sich gestresst, wütend und verärgert fühlen, haben sie das auf dich projiziert. Das ist eine Verkettung von Ereignissen und ein Zeichen für einen Mangel an emotionaler Intelligenz, vor allem, weil dein Chef nur auf dich wütend ist, weil er selbst wütend ist.

Du verstehst, dass dein Chef gestresst ist und sich aufspielt, und du weißt, dass es ihm gut gehen wird, wenn er sich in ein paar Stunden wieder beruhigt hat. Anstatt dich über die Situation aufzuregen, bleibst du geerdet und fokussiert, so dass du ruhig und gelassen bleiben kannst. So kannst du deinen Tag auf die bestmögliche Art und Weise fortsetzen.

Das heißt natürlich nicht, dass du keine Gefühle haben darfst. Das ist unvermeidlich. Wenn dir etwas Schlimmes zustößt, wirst du traurig oder wütend sein. Die Kunst besteht darin, diese Gefühle wahrzunehmen und sie zu akzeptieren, anstatt sie zu bekämpfen oder unüberlegt zu handeln, wie es dein Chef in dem Beispiel getan hat. Heutzutage leben viel zu viele Menschen ihr Leben verloren in ihren Gefühlen und handeln durch sie hindurch. Du hast das bestimmt auch schon getan oder kennst Leute, die das tun. Bei Kindern ist das sehr verbreitet (alle Kinder tun es), weil sie noch zu jung sind, um die emotionale Intelligenz zu entwickeln, die sich in den Teenagerjahren entwickelt.

Das ist der Grund, warum Kinder in einem Moment weinen und im nächsten Augenblick lachen und kichern können. Sie handeln buchstäblich nur durch ihre Emotionen, je nachdem, was in diesem Moment mit ihnen geschieht. Sie haben kein Bewusstsein für langfristige Auswirkungen oder bewusstes Denken. Sie fühlen etwas, und das übernimmt sie. Das soll natürlich nicht heißen, dass Emotionen unnötig sind. Alle deine Emotionen haben ihre Berechtigung, aber mach sie dir bewusst, damit du sie verstehen kannst und weißt, wie du wirklich denkst und fühlst, was in deinem Leben passiert. So lernst du dich selbst besser kennen.

Das ist die wichtigste und effektivste Methode, um mit jeder stressigen Situation umzugehen, und das Tolle daran ist, dass sie überall und jederzeit angewendet werden kann. Nehmen wir zum Beispiel an, du hast gerade herausgefunden, dass du betrogen wurdest, und du sitzt mit deinem Partner zusammen, um darüber zu reden. Ja, du wirst wütend sein, du wirst traurig sein und dich verletzt fühlen. Du wirst verschiedene Emotionen empfinden und es wird schwer sein, die Fassung zu bewahren und herauszufinden, was ihr als Nächstes tun wollt. Wie soll es mit der Beziehung weitergehen? Was ist dein nächster Schritt?

Das sind große, stressige Fragen, und es kann leicht passieren, dass du die Kontrolle verlierst und deinen Partner anschreist, wie sehr du ihn hasst, wie unehrlich er war und wie sehr er dich verletzt hat. Du möchtest das vielleicht zum Ausdruck bringen, aber es wird dir auf Dauer wahrscheinlich nicht helfen. Nimm dir stattdessen einen Moment Zeit, um dir deiner Gefühle bewusst zu werden. Sprich deine Bedürfnisse aus. Brauchst du Zeit zum Verarbeiten und Nachdenken? Bist du in der Lage zu verzeihen? Sollte dein Partner dich in Ruhe lassen? Wenn du dir die Zeit nimmst, um nachzudenken, zu fühlen und zu verarbeiten, hilft dir das, auf dem Boden zu bleiben. Zumindest wird es dich davon abhalten, etwas zu tun oder zu sagen, was du später bereust.

Die Fähigkeit, konzentriert zu bleiben und gleichzeitig deine Emotionen und Gefühle wahrzunehmen, anstatt gedankenlos durch sie hindurch zu handeln, erfordert Übung, und du wirst nicht perfekt sein. Ich glaube sogar, dass es ein lebenslanger Prozess ist. Du wirst immer weiter darin wachsen, je mehr Erfahrungen du in deinem Leben machst, die unterschiedliche Auswirkungen und Ausmaße haben. Während du dich darauf konzentrierst, gibt es aber auch noch andere wichtige Tipps, die du im Umgang mit stressigen Situationen beachten solltest:

• Tu Dinge, die dich glücklich machen und gönne dir Pausen vom

Alltag

- Gehe in jede Situation mit einer positiven Einstellung, oder habe zumindest positive Absichten

- Habe Mitgefühl für andere Menschen und versuche, ihre Seite der Geschichte zu sehen

- Denke nach jeder stressigen Situation nach und überlege, was du beim nächsten Mal tun würdest

- Setze dir Grenzen, wie viel du stressigen Dingen und Menschen ausgesetzt bist

- Wenn du über eine stressige Situation reden musst, scheue dich nicht, dich an andere zu wenden

- Schreibe auf, wie du dich fühlst, um deinen negativen Gefühlen Luft zu machen.

Wir sind am Ende unseres ersten Kapitels angelangt. Puh, das war ein ganz schönes Stück Arbeit. Hoffentlich hast du eine Menge Strategien für den Umgang mit stressigen Situationen gelernt oder zumindest darüber nachgedacht, wie du diese Punkte in bestimmten Bereichen deines Lebens umsetzen kannst. Mit etwas Glück wirst du viel mehr darauf achten, wie du mit deinen Erfahrungen umgehst und wie sich Stress auf dich auswirkt.

Indem du dich aktiv darum bemühst, deinen Stress zu minimieren, verringerst du aktiv die Wahrscheinlichkeit, dass du zu viel nachdenkst, da du mehr Kontrolle darüber hast, wie du denkst, fühlst und lebst. Vergiss nicht, dass du jederzeit zu diesem Kapitel zurückkehren kannst, wenn du eine Auffrischung oder eine Aufmunterung brauchst. Es kann eine Weile dauern, bis du mit den Gewohnheiten des stressigen Überdenkens brechen kannst, aber mit der Lektüre dieses Buches hast du bereits den ersten Schritt in die richtige Richtung für eine glücklichere und gesündere Zukunft getan.

DRITTES KAPITEL

Methoden zur Bewältigung von Ängsten

Anknüpfend an das vorherige Kapitel ist Angst für die meisten Menschen ein Teil ihres Lebens. Das kann für viele Menschen seltsam erscheinen. Warum leiden so viele Menschen unter Ängsten und warum wird so viel darüber gesprochen? Wenn man bedenkt, dass allein in den USA rund 40 Millionen Menschen im Alter von 18 Jahren oder älter unter Angstzuständen leiden und nur 36,9 % von ihnen behandelt werden, ist es kein Wunder, dass das Thema so aktuell ist.

Wenn du ein Grübler bist, hast du höchstwahrscheinlich schon einmal Angstzustände erlebt. Egal, ob du über alte Gespräche nachdenkst und dir wünschst, etwas anders gemacht oder gesagt zu haben, oder ob du in Panik vor einem bevorstehenden Ereignis, einer Situation oder einem Gespräch bist und alle möglichen Szenarien vorhersiehst, die sich entwickeln könnten - das Leben mit einem ängstlichen Geist ist nie einfach.

Glücklicherweise ist das etwas, das man beheben kann. Genau wie bei Stress kannst du die Auswirkungen deiner Angst auf dein Leben verringern, wenn du Strategien kennst, wie du mit ihr umgehst, sie bewältigst, sie ansprichst und sie reduzierst, weil du deinen Verstand aktiv auf ein friedliches Leben mit weniger Überlegungen einstellst. Glücklicherweise gibt es einige Methoden, die du dir selbst beibringen kannst und die dir helfen, deine Angst und deine hektischen Gedanken zu beruhigen, sowohl im Moment als auch im Laufe vieler Wochen, Monate und Jahre. Lass uns loslegen.

METHODE 8

Muskelentspannungstechniken

Als Erstes sollten wir versuchen, deinen ängstlichen Geist in dem Moment zu erden, in dem du ihn wirklich spürst. Ich habe das immer als extrem schwierig empfunden, denn Angst kann als leichtes, unterschwelliges Gefühl beginnen, dem du kaum Beachtung schenkst. Du spürst vielleicht hin und wieder einen Stich, aber bei mir schlich sie sich im Laufe von Tagen oder sogar Wochen heran, aber sie erreichte auf jeden Fall einen Punkt, an dem sie überhand nahm und alles verschlang.

Der Umgang mit Ängsten war in jeder Phase des Prozesses schwierig, vor allem, wenn ich nicht glaubte, dass etwas nicht stimmte. Aber wenn du anfängst, aufmerksam zu sein und die Anzeichen von Angst zu bemerken, was nur mit Erfahrung möglich ist, kannst du etwas dagegen tun und musst nicht mehr mit den Auswirkungen und der Angst leben, die sie mit sich bringt.

Eine der bewährtesten und effektivsten Methoden zur Angstbewältigung ist eine Kombination aus Muskelentspannungstechniken und tiefer Atmung. Diese sind den Tiefatmungsübungen, die wir im vorigen Kapitel kennengelernt haben, sehr ähnlich. Du kannst diese Atemübungen gerne anwenden, um die gleichen Ergebnisse zu erzielen. Die Anwendung zusätzlicher

Muskelentspannungstechniken kann jedoch eine fantastische Reihe von Vorteilen bieten, wenn es darum geht, Ängste abzubauen.

Progressive Muskelentspannung

PMR ist eine Praxis, die schon lange angewendet wird. Sie wurde erstmals in den 1920er Jahren von dem amerikanischen Arzt Edmund Jacobson eingeführt. Seit ihrer Entwicklung gilt sie als eine der wirksamsten Methoden, um Stresssymptome, Ängste und chronische Schmerzen zu lindern. Eine so wirkungsvolle Technik mag kompliziert klingen, aber sie ist ganz einfach, und sobald du die Grundlagen beherrschst, kann sie zu einer unschätzbaren Lebenshilfe werden.

Bei der PMR werden die Muskeln deines Körpers gezielt und absichtlich angespannt und entspannt. Für eine Sitzung brauchst du etwa zehn bis zwanzig Minuten, so dass du sie leicht in deinen Alltag einbauen und bei Bedarf anwenden kannst.

Bevor wir mit der eigentlichen Strategie beginnen, solltest du dich auf eine Muskelgruppe nach der anderen konzentrieren, um die besten Ergebnisse zu erzielen. Beginne zum Beispiel mit deinen Füßen und Beinen und ende mit deinem Gesicht. Versuche nicht, alles auf einmal zu machen. Du kannst im Sitzen oder im Liegen üben, je nachdem, was für dich am bequemsten ist, und versuche, einen Raum zu schaffen, in dem du dich wohlfühlst. Das bedeutet, dass du dir einen ruhigen Ort suchen solltest, an dem es keine Ablenkungen gibt und die Wahrscheinlichkeit, dass du gestört wirst, minimal ist, denn das kann dich nur noch mehr verunsichern.

Lass uns in den Prozess einsteigen.

Während du sitzt oder liegst, atmest du langsam und bewusst ein und spannst dabei eine Muskelgruppe an, z.B. deine Zehen, deine Beine oder deine Oberschenkel. Spanne diese Muskeln an und konzentriere dich dabei fünf bis zehn Sekunden lang auf das Gefühl und lasse dann los. Das war's.

Setze oder lege dich nun hin und spüre die entspannten Muskeln etwa zehn bis zwanzig Sekunden lang und gehe dann zu einem anderen Körperteil oder einer anderen Muskelgruppe und wiederhole das Gleiche. Wenn du deine Muskeln loslässt, versuche dir vorzustellen, zu fühlen oder zu visualisieren, wie sich deine Muskeln aktiv verändern oder entspannen. Das ist ein sehr wirkungsvoller Zusatz zu deiner Übung, der den Nutzen um das Zehnfache steigert. Wenn du jeden Teil deines Körpers bearbeitet hast, ist die Übung beendet.

Das mag einfach klingen. Aber die Studien, Fachmeinungen und Untersuchungen zeigen, dass es tatsächlich funktioniert, vor allem wenn du es regelmäßig und über einen längeren Zeitraum praktizierst. Je mehr du etwas übst, desto besser wirst du darin, was bedeutet, dass du noch mehr Vorteile genießen kannst.

Das ist so ziemlich alles, was es zum Thema PMR zu sagen gibt. Übe einfach weiter, oder probiere es zumindest mehrmals aus, um zu sehen, ob es bei dir funktioniert. Wenn es funktioniert, dann ist das großartig. Du hast jetzt ein Werkzeug, das dir unendlich viele Vorteile bringen kann. Wenn nicht, bist du einen Schritt weiter, um herauszufinden, welche Strategien und Techniken für dich funktionieren.

METHODE 9

Wie du im Moment mit negativem Denken umgehen kannst

In einer kleinen Pause möchte ich das Konzept des negativen Denkens erforschen und definieren, was es ist, was es mit dir macht und wie du damit umgehen kannst. Negatives Denken und negatives Überdenken sind ein wesentlicher Teil der Angst. Immer, wenn ich eine Panikattacke bekomme oder mich vor etwas fürchte, sind negative Gedanken im Spiel, sei es, dass ich denke, ich werde sterben, oder dass ich eine Situation verkompliziere.

Wenn du mit jemandem darüber sprichst, wird er dir natürlich eine Übung wie Meditation vorschlagen. Es stimmt - Meditation ist ein sehr mächtiges und effektives Werkzeug, wenn es darum geht, sich mit sich selbst zu verbinden und zu verstehen. Meditation hilft dir, negative Gedanken wahrzunehmen und anzuerkennen, anstatt dich in ihnen zu verlieren und zu verzehren, und hilft dir, geerdet und konzentriert zu bleiben.

Das ist es, was dir viele Meditationsführer und Gurus sagen. Stell dir vor, du denkst, dass du deinen Job verlieren wirst. In der Firma werden Kürzungen vorgenommen, alle reden darüber und dein Chef scheint nicht zufrieden mit dir zu sein. Du bist davon überzeugt, dass du deinen

Job verlieren wirst, und du wirst zu deinen Gedanken. Du konzentrierst dich überhaupt nicht auf das, was du tust. Du bist bei der Arbeit, in der Familie und mit anderen Menschen in deinem Leben abgelenkt und denkst nur an deine mögliche Zukunft. Das ist es, was die Gurus als "deine Gedanken" bezeichnen.

Meditation ist eine Möglichkeit, diese Gewohnheit zu durchbrechen und stattdessen deine Gedanken aus einer Außenperspektive zu sehen. Es ist, als würdest du deine Gedanken beobachten, anstatt sie zu sein. So kannst du deine Gedanken aus einer geerdeten, nicht wertenden Perspektive betrachten und bleibst rational. In jedem Buch, Video oder Blogbeitrag über Angst und Stress erfährst du mehr über Meditation. Wenn du nach einem Ausgangspunkt suchst, empfehle ich dir The Power of Now von Eckhart Tolle und eine App wie Headspace, Waking Up oder Insight Timer, die dir hilft, eine Meditationsgewohnheit zu entwickeln. Der Trick beim Meditieren ist, es regelmäßig und konsequent zu tun.

Was kannst du sonst noch tun, um negatives Denken zu bekämpfen, vor allem, wenn du gerade im Moment bist? Manchmal ist es einfach nicht möglich, sich hinzusetzen und sich auf die Atmung zu konzentrieren, wie es bei der Mediation erforderlich ist, vor allem, wenn du gerade ausflippst und eine schnelle Lösung brauchst.

Nimm dir einen Moment Zeit zum Innehalten

Sobald du merkst, dass du in einem negativen Denkmuster feststeckst, ist es wichtig, einen Moment innezuhalten und nachzudenken. Ich weiß, mehr Denken hört sich nicht gut an, aber hier denken wir an nichts

Bestimmtes. Wir nehmen uns nur einen Moment Zeit, um uns deiner Gedanken bewusst zu werden und anzuerkennen, dass du dich in der Denkschleife befindest.

Das mag wie Meditation klingen, und es ist tatsächlich eine Form der Achtsamkeit, aber sie ist wichtig, um deine Tendenzen zum Überdenken zu stoppen. Stell dir vor, du flippst aus und wirst ängstlich, besorgt oder gestresst. Wenn dein Verstand eine Million Gedanken pro Minute denkt, ist jede Entscheidung, die du triffst, wahrscheinlich irrational und führt dazu, dass du dir ein tieferes Loch gräbst.

Es ist an der Zeit, dass du dir angewöhnst, mit dem, was du gerade tust, aufzuhören und dir eine Auszeit nimmst. Das kann anfangs schwierig sein, weil du es nicht gewohnt bist, aber wenn du es über Wochen, Monate und sogar Jahre hinweg übst, wird es eine unschätzbare Fähigkeit. Wenn du dich aus einer Situation zurückziehen musst, tu es. Finde heraus, was du tun musst, um dich aus Situationen zu befreien, die dich zu sehr zum Nachdenken bringen.

Manchmal braucht es nur einen einzigen Moment oder einen tiefen Atemzug, um das ständige Denken zu unterbrechen und dich wieder auf den Boden der Tatsachen zu bringen. Gewöhne dir an, dies zu tun, auch wenn du gerade nicht gestresst bist, um es dir zur Gewohnheit zu machen, und du wirst es jederzeit tun können.

Fakt vs. Fiktion

Wenn du negativ denkst, ist die Wahrscheinlichkeit groß, dass das, was in deinem Kopf vor sich geht, sich stark von deiner Realität unterscheidet. Damit will ich nicht sagen, dass das, was du denkst, ungültig oder erfunden ist, und auch nicht, dass negatives Denken per se schlecht ist. Problematisch wird es jedoch, wenn diese Art des Denkens übermäßig negativ ist oder Geschichten erfindet.

Ich hatte eine Freundin, die darin schrecklich war. Als wir Teenager waren, regte sie sich über Teenager-Dramen, Beziehungsprobleme und so weiter auf, wie es Teenager eben tun, aber sie machte sich ständig Gedanken darüber, was die Leute über sie dachten, was sie sagten und wie die Leute sich fühlten, wenn etwas passierte. Das sind alles berechtigte Sorgen, nur dass sie sich so viele Gedanken darüber machte, dass sie glaubte, die Leute würden über sie reden, obwohl das nicht der Fall war. Ich habe im Laufe meines Lebens viele Beispiele für diese Art des Denkens erlebt, und natürlich bin auch ich selbst manchmal schuld daran.

Wenn du in negativen Denkmustern feststeckst, ist es wichtig, dass du dir einen Moment Zeit nimmst und überlegst, ob das, woran du denkst, Tatsache oder Fiktion ist. Wenn du dir Geschichten darüber erzählst, was passiert, du aber die Fakten einer Situation nicht kennst, dann bezeichne dieses Gedankenmuster als Geschichte und versuche, dich auf die Fakten zu konzentrieren oder sie zumindest herauszufinden.

Deine Gedanken durch Schreiben verstehen

Übermäßiges Grübeln kann ein Fluch für dich sein, weil du ständig darüber nachdenkst, woran du gerade denkst. Wenn du dir diese Gedanken aus dem Kopf schlägst, kannst du herausfinden, woher sie kommen, was sie sind und ob sie dir wirklich nützen. Das ist ein wichtiger Punkt, den du dir merken solltest. Wenn ein Gedanke dir nicht gut tut, solltest du nicht zulassen, dass er dich und deine Entscheidungen beeinflusst.

Das geht am besten, wenn du deine Gedanken in Form eines Gedankentagebuchs zu Papier bringst. Du kannst dies in einem Tagebuch tun, indem du Notizen in dein Handy schreibst oder dich auf einem herumliegenden Stück Papier auslässt, obwohl es sehr empfehlenswert ist, einen festen Platz dafür zu nutzen.

Die Idee ist, dass du aufschreibst, wie du dich fühlst und was du in dem Moment denkst, in dem du es denkst, es in seiner reinsten Form aufschreibst und dann im Laufe der Zeit darüber nachdenkst und dir Notizen machst, um zu sehen, ob es irgendwelche Muster in deinem Denken gibt. Vielleicht bemerkst du, dass bestimmte Menschen, Situationen, Erlebnisse oder sogar Orte deine negativen Gedanken auslösen. Wenn du sie erkennst, kannst du etwas dagegen tun, anstatt gedankenlos in deinen gewohnten Denkmustern zu verharren.

Ein kleines Kapitel/Zusammenfassung

Es ist eigentlich egal, wie du mit deinen negativen Gedanken umgehst, aber der Trick ist, das Denken zu stoppen und sich dessen bewusst zu werden. Das ist die kurzfristige, sofortige Lösung, und das geht nur über Gewohnheiten. Deshalb ist es wichtig, darüber nachzudenken, wie du denkst, auch wenn du dich nicht gestresst oder ängstlich fühlst. Entwickle eine Gewohnheit für die guten Zeiten, damit du in den schlechten Zeiten, wenn du sie wirklich brauchst, das Beste daraus machen kannst.

Langfristige Lösungen ergeben sich jedoch, wenn du zurückblickst und über deine Verhaltensmuster nachdenkst, wenn du dich nicht mehr in demselben ängstlichen Zustand befindest, d.h. wenn du einen Sinn darin findest und etwas dagegen tun kannst. Das ist die zweiteilige Lösung. Wenn du gerade erst mit deiner Reise zur Selbstverbesserung beginnst, empfehle ich dir, dich auf den ersten Teil zu konzentrieren und ein gewisses Maß an Anerkennung und Akzeptanz für dich selbst zu erreichen.

METHODE 10

Wie man eine Panikattacke stoppt

Wenn du schon lange unter Ängsten leidest und mit ihnen lebst, hast du wahrscheinlich schon einmal eine Panikattacke erlebt und weißt, wie brutal sie sein kann, vor allem wenn du zu viel nachdenkst. Der Verstand rast, dein Körper reagiert auf eine starke und intensive Art und Weise und es ist alles verzehrend. In diesem Kapitel geht es darum, wie du mit solchen Situationen umgehen und sie überwinden kannst.

Es ist wichtig zu betonen, dass jeder Mensch anders ist und Panikattacken auf unterschiedliche Weise erlebt. Das bedeutet, dass eine Lösung, die bei jemand anderem funktioniert, bei dir vielleicht nicht funktioniert. Natürlich ist es keine angenehme Erfahrung, eine Panikattacke zu haben, dieses Buch oder das Internet durchzublättern und eine Lösung zu finden, die nicht funktioniert. Aber dieser Prozess ist genau das: ein Prozess. Es wird Höhen und Tiefen geben. Ich versuche nicht, diesen Weg zu beschönigen, denn er ist hart und es gibt Hindernisse, die du überwinden musst.

Aber mit den richtigen Informationen und der Bereitschaft, herauszufinden, was für dich funktioniert, kannst du deinen Weg zu einem glücklicheren, gesünderen Du finden. Werfen wir einen Blick auf einige der Lösungen.

Die schnellen und einfachen Methoden

Du kannst einige der Methoden anwenden, die wir in diesem Buch bereits besprochen haben, um Panikattacken zu überwinden. Strategien wie tiefes Atmen, PMR und Meditation sind großartige Möglichkeiten, um eine Panikattacke zu überwinden, wenn sie gerade beginnt oder in vollem Gange ist. Probiere sie aus und sieh, ob sie bei dir funktionieren.

Erkenne die Anzeichen

Wir alle haben Anzeichen dafür, dass eine Panikattacke im Anmarsch ist - ich fühlte mich früher krank und zittrig. Mir wurde übel und schwindlig, als würde ich ohnmächtig werden, oder ich fühlte mich übermäßig heiß, aber ohne die Temperatursymptome. Meine Beine wurden schwach, ich musste mich hinsetzen und ich wollte mit niemandem reden oder mich unterhalten. Ich verspürte auch einen überwältigenden Drang, auf die Toilette zu gehen, aber ich musste nie wirklich gehen.

Als ich anfing, Panikattacken zu erleben, die mit meiner sozialen Angst zusammenhingen, spürte ich diese Symptome, wenn sie auftraten, konnte sie aber nie als Anzeichen einer Panikattacke werten. Ich dachte einfach, dass ich mich unwohl fühle, dass etwas nicht stimmt oder dass ich sterbe. Das hat die Panikattacken natürlich nur noch verstärkt und sie wurden immer heftiger. Manchmal traten die Symptome schon nach wenigen Minuten auf, oder sie zogen sich über Stunden hin, bis sie mich voll erwischten.

Als ich mehr Erfahrung mit meinen Panikattacken hatte, begann ich, die Anzeichen für eine bevorstehende Panikattacke zu erkennen, und diese einfache Erkenntnis half mir enorm. Indem ich dachte: "Okay, ich habe eine Panikattacke, keinen Herzinfarkt, und alles wird wieder gut... Ich muss es nur vorübergehen lassen...", wurde ich viel ruhiger und lag schließlich auf dem Boden und machte Atemübungen, bis es vorbei war.

Finde und erkenne deine Anzeichen auf die gleiche Weise wie ich, und du wirst einen Großteil der Panik aus deiner Panikattacke nehmen.

Fokus auf ein Objekt

Wenn deine Panikattacke zuschlägt und dein Verstand abhebt, wirst du unruhig und irrational. Das ist der Moment, in dem die Panik einsetzt, und sie wird nur noch schlimmer. Mehr schlechte Gefühle erzeugen mehr schlechte Gefühle. Du musst einen Weg finden, dich zu erden um die Realität zurückzuholen, indem du dich auf einen festen Gegenstand konzentrierst.

Das kann wirklich alles sein, was dich umgibt, egal ob du es in den Händen hältst oder dich aus der Ferne darauf konzentrierst. Versuche, deine Aufmerksamkeit so weit wie möglich auf dieses Objekt zu lenken, damit du geerdet bleibst, dich nicht vom gegenwärtigen Moment abkoppelst und aus deinem Kopf herauskommst. Du kannst dies auch mit körperlichen Gefühlen und Sinnen tun.

Am liebsten lege ich mich auf den Boden, weil er stabil und fest ist (im Gegensatz zu einem weichen Bett) und ich spüre, wie das Gewicht meines Körpers auf den Boden drückt. Du kannst das jetzt tun. Wenn du im Bett oder auf einem Stuhl sitzt, achte auf das Gefühl, dass dein Körper mit dem Sitz oder dem Bett in Kontakt ist. Spürst du dieses Gefühl der Schwere? Konzentriere dich auf dieses Gefühl und du solltest merken, dass deine Aufmerksamkeit von deinem Kopf und deinen Gefühlen abgelenkt wird. Wenn du das während einer Panikattacke übst, wird es dir viel leichter fallen, sie zu überwinden, ohne zu sehr in sie hineingezogen zu werden.

Verändere dein Umfeld

Manchmal hilft es, eine neue Perspektive einzunehmen, wenn du versuchst, aus deinem Kopf herauszukommen, und damit meine ich, spazieren zu gehen, den Raum zu wechseln oder aus dem Zimmer zu gehen. Ich empfehle dir auf jeden Fall einen Spaziergang, denn du bist nicht nur nicht in deinem Raum gefangen, sondern profitierst auch von der leichten Bewegung, der Sonne und der frischen Luft.

Wenn du hyperventilierst oder nicht in der Lage bist, dich körperlich zu bewegen, ist diese Übung nicht geeignet. Konzentriere dich stattdessen auf einen Gegenstand oder schließe deine Augen und konzentriere dich auf das Gefühl deines Körpers auf dem Boden. Wenn du jedoch merkst, dass sich eine Panikattacke anbahnt, könnte ein Spaziergang genau das Richtige für dich sein, um deinen Geist zu erfrischen. Das ist eine einfache, aber effektive Strategie.

Dies sind nur einige der Möglichkeiten, wie du eine Panikattacke stoppen kannst. Wahrscheinlich wirst du eine Kombination dieser Techniken zu verschiedenen Zeiten anwenden müssen, um deine Panikattacken richtig in den Griff zu bekommen und sie zu überwinden. Sei einfach geduldig mit dir selbst und verzeihe dir, wenn sie auftreten.

Nutze den folgenden Absatz als Mantra, und wiederhole ihn so oft du möchtest:

Alles ist vorübergehend. Die Gefühle, die ich jetzt habe, sind vorübergehend. Sie sind in der Vergangenheit gekommen und gegangen, und das Gleiche wird auch dieses Mal passieren. Ich werde mich nicht ewig so fühlen. Ich werde wieder Frieden finden.

METHODE 11

Freunde und Familie ansprechen und Unterstützung erhalten

Diese Methode ist nicht ganz einfach, aber dennoch wichtig. Zunächst möchte ich sagen, dass du mit deinen persönlichen Kämpfen nicht allein dastehen musst. Denke an die Menschen, die du in deinem Leben am meisten liebst, wie zum Beispiel deine Freunde, deine Familie oder deine Arbeitskollegen. Wenn sie zu dir kämen und dich um Hilfe bäten, weil sie mit übermäßigem Denken, Ängsten oder Stress zu kämpfen hätten, würdest du sicher alles tun, um ihnen zu helfen. Natürlich würdest du das tun. Auch wenn es schwer ist, sich damit abzufinden, werden Menschen das Gleiche für dich tun.

Erinnerst du dich an meinen Freund, der einen Autounfall hatte? Er hatte monatelang Selbstmordgedanken, und erst als er sich meldete und darüber sprach, was er durchmachte und wie er sich fühlte, begann er, sie zu überwinden. Wenn du das Gefühl hast, dass du gegen deinen Verstand kämpfst, bist du nicht in der Lage, dich selbst zu verstehen, weil du gegen dich selbst kämpfst. Es ist so einfach, darüber zu lesen, und es ist erhellend zu erkennen, dass der Teil von dir, der das Problem ist, sich selbst nicht helfen kann, weil er selbst das Problem ist. Ein kaputter Schraubenschlüssel kann sich zum Beispiel nicht selbst reparieren, auch wenn er früher andere Dinge repariert hat.

Den Mut aufzubringen, offen über deine psychischen Probleme oder etwas, das du gerade durchmachst, zu sprechen, ist ein großer Schritt. Da ist zum einen die Angst, verurteilt zu werden, weil deine Lieben dich vielleicht für gebrochen oder schwach halten und dich nicht mehr in ihrem Leben haben wollen. Da ist die Angst vor Ablehnung, wenn du dich jemandem öffnest und er dich einfach abweist, weil er nicht bereit ist, dir zu helfen. Solche Ängste können dein Selbstvertrauen zerstören und du glaubst, dass sie alles noch viel schlimmer machen, aber langfristig können sie dir wirklich helfen.

In diesem Teil des Kapitels geht es darum, das Selbstvertrauen und den Mut zu entwickeln, um Hilfe zu bitten und den ersten Schritt zu tun, um die Unterstützung zu bekommen, die du auf deinem Weg zur Selbstverbesserung und einem glücklicheren Leben brauchst.

Wähle die richtigen Leute

Das ist die wichtigste Überlegung, die du anstellen musst. Du kannst nicht einfach auf jemanden zugehen, den du kennst, und ihm alles erzählen. Du wirst Probleme bekommen. Nur weil du denkst, dass dir jemand helfen könnte, heißt das nicht, dass er es auch tut. Vielleicht hat er oder sie andere Dinge in seinem/ihrem Leben zu tun und kann dir nicht die Unterstützung bieten, die du brauchst, ohne sich selbst zu sabotieren. Unterstützung muss von Menschen kommen, die sie anbieten können.

Nimm dir also einen Moment Zeit, um an jemanden in deinem Leben zu denken, der in einer Situation ist, in der er dir helfen kann. Zugegeben, du weißt nicht immer, was los ist. Deshalb musst du die

Menschen, die du ansprechen willst, in die engere Auswahl nehmen und sie um Hilfe bitten.

Denk an die Menschen in deinem Leben, von denen du weißt, dass sie dich unterstützen und denen du vertrauen kannst, dass sie offen zu dir sind und dich nicht verurteilen. Es hat keinen Sinn, jemanden um Hilfe zu bitten, wenn du ihm oder ihr nicht vertrauen kannst und dich nicht offen ausdrücken kannst. Wenn du dich dabei ertappst, dass du Tatsachen verschweigst und nicht zu 100% ehrlich bist, wirst du nicht die Hilfe bekommen, die du brauchst.

Aber auch wenn die Person nicht versteht, was du durchmachst, kann es hilfreich sein, mit ihr zu sprechen, wenn du ihr vertraust und sie dich durch Zuhören unterstützen kann. Was meine eigenen psychischen Probleme angeht, habe ich mit meinem Vater darüber gesprochen. Mein Vater ist sehr altmodisch und traditionell und würde als Erster zugeben, dass er psychische Probleme nicht versteht und auch nicht, warum so viele Menschen psychische Probleme haben, aber das hielt ihn nicht davon ab, zuzuhören und mich zu unterstützen.

Die Geschichte teilen

Wenn du dich entschieden hast, wem du um Hilfe bittest, erzählst du ihnen, was los ist. Beginne damit, dich mit ihnen zusammenzusetzen und darüber zu sprechen, was passiert ist. Sprich über deine Erfahrungen und was du durchgemacht hast. Sich zu öffnen und darüber zu sprechen, was du erlebt hast und wie du dich fühlst, ist wie eine Therapie, denn ähnlich wie beim Schreiben ist es eine gute

Möglichkeit, deine Gedanken zu ordnen und sie auf methodische Weise aus deinem Kopf zu bekommen.

Auch wenn die Geschichte unangenehm ist und es einige schwierige Stellen gibt, auf die du vielleicht nicht eingehen möchtest, geht es darum, sie zu erforschen und herauszubekommen. Wenn du diese Hürde überwunden hast, kannst du herausfinden, wie du dich dabei gefühlt hast, wie es dich beeinflusst und was du dagegen tun willst.

Suche nicht nach Lösungen, sondern nach Lektionen

Auch wenn es wichtig ist, andere um Hilfe zu bitten, darfst du nicht vergessen, dass du nicht zu ihnen gehst, in der Hoffnung, sie würden deine Probleme lösen. So funktioniert das nicht. Wenn du mit einem Problem konfrontiert bist, kann dir niemand sagen: "Tu dies, und alles wird gut." Sicher, das könnte funktionieren, aber du würdest dich wahrscheinlich wieder in der gleichen Situation wiederfinden.

Anstatt nach Lösungen für einzelne Probleme zu suchen, solltest du proaktiv aus deinen eigenen Erfahrungen und den Erfahrungen anderer lernen. Wenn du eine Lektion gelernt hast, kannst du das Gelernte anwenden, um entweder zu verhindern, dass ein Problem erneut auftritt, oder zumindest zu verstehen, wie du damit umgehen kannst, anstatt in dem Problem, in dem du gerade steckst, stecken zu bleiben, was zu übermäßigem Nachdenken führt.

Vergiss die Grenzen nicht

Du musst den Menschen, mit denen du sprichst, Grenzen setzen, egal ob das bedeutet, dass du sie bei anderen Menschen durchsetzt oder die Grenzen respektierst, die dir jemand setzt. Ich kenne so viele Freundschaften und Beziehungen, in denen jemand um Hilfe gebeten hat und aus welchem Grund auch immer eine Grenze überschritten wurde, und obwohl jeder versucht hat, so hilfreich und unterstützend wie möglich zu sein, ist es zu weit gegangen.

Der Beziehung fehlen Grenzen, wenn jemand entweder zu sehr involviert ist und keine Zeit zum Nachdenken oder Reflektieren hat, oder wenn die Person, die Hilfe braucht, zu anspruchsvoll ist und die Person, die Unterstützung gibt, nicht sagt, dass sie aufhören oder langsamer werden soll. Obwohl dies meist aus Liebe geschieht, kann es Beziehungen zerstören. In manchen Fällen mag es unvermeidlich sein, aber wenn du eine Beziehung aufrechterhalten und wachsen lassen willst, musst du die Grenzen des anderen respektieren und Mitgefühl für ihn aufbringen.

Seid klar miteinander, sagt, wie ihr euch fühlt, und hört der anderen Person zu. Wenn dich jemand unterstützt und dir hilft, solltest du dir Zeit nehmen, um über ihn oder sie zu sprechen, damit du weißt, dass du ein Gleichgewicht herstellen kannst. Wenn sich jemand eine Auszeit für sich selbst nimmt, musst du das respektieren.

Wenn du dich daran erinnerst, solltest du in der Lage sein, ein positives Verhältnis zu haben, wenn es darum geht, andere Menschen in deinem Leben um Hilfe und Unterstützung zu bitten. Ja, es ist ein großer Schritt, den du tun musst, wenn es darum geht, andere um Hilfe zu bitten, und es erfordert ein hohes Maß an Selbstvertrauen, um vorzutreten und zu akzeptieren, was passiert, aber wenn du es schaffst, kannst du dein Leben für immer positiv verändern.

METHODE 12

Tipps zum Lebensstil, die dir helfen, deine Angst zu überwinden

Zum Abschluss dieses Kapitels werden wir uns mit einem letzten Konzept befassen: Du musst in deinem Leben proaktiv handeln und deinen Lebensstil so gestalten, dass du möglichst wenig von Angst und ähnlichen Gesundheitszuständen betroffen bist. Du wirst sehen, was ich meine, wenn wir die Strategien durchgehen.

Übung

Du hast bereits von all den Vorteilen gehört, die Bewegung in dein Leben bringen kann, also wiederhole ich sie nicht. Wenn es um die Behandlung von Ängsten geht, kann regelmäßige körperliche Betätigung jeden Tag Wunder bewirken, um deine Symptome unter Kontrolle zu halten.

Kurz gesagt: Dein Körper ist dafür gemacht, sich zu bewegen. Laufende Studien zeigen, dass Bewegung deine Stimmung verbessert, Entzündungen, Körperspannungen und Ängste reduziert, Stress abbaut, die Durchblutung verbessert, dein Energielevel erhöht, deine Konzentrationsfähigkeit verbessert und vieles mehr. Im Grunde genommen kann die Entwicklung und Einführung einer einfachen Bewegungsroutine in deinem Leben dein Leben verändern.

Das bedeutet nicht, dass du in ein Fitnessstudio gehen und dich mit Eiweißshakes vollstopfen musst. Selbst wenn deine Bewegungsroutine nur aus einem 15-minütigen Spaziergang in deiner Nachbarschaft besteht, kann diese scheinbar kleine und einfache Maßnahme Wunder für deine geistige Gesundheit bewirken.

Deine Ernährung korrigieren

Deine Ernährung hat einen großen Einfluss auf dein Leben, und zwar aus denselben Gründen, die ich oben genannt habe. Wenn du tonnenweise Junkfood und nährstofflose Lebensmittel isst, wirst du leiden und dich schlecht fühlen, was deine Angst und stressbedingten Gefühle nur noch verstärkt.

Wenn du zum Beispiel viel Kaffee, koffeinhaltige Produkte wie Energydrinks oder Alkohol trinkst, kann das angstähnliche Gefühle auslösen, und wenn das erst einmal anfängt, wird es nur noch schlimmer.

Lege einen Schlafplan fest

Schlafen ist lebenswichtig, aber viele von uns haben keinen richtigen Zeitplan und leben unter Schlafentzug. Das zeigen unzählige Studien: 35,2 % der Erwachsenen in den USA schlafen weniger als die empfohlenen sieben Stunden pro Nacht und über 50 % der Amerikaner geben an, dass sie sich ständig müde fühlen. Die Auswirkungen sind ebenfalls unübersehbar.

Rund 411 Milliarden Dollar gehen in der Wirtschaft jedes Jahr durch Schlafmangel verloren, und Krankenschwestern, die 12,5-Stunden-Schichten arbeiten, machen schätzungsweise dreimal so viele medizinische Fehler wie Krankenschwestern, die 8,5-Stunden-Schichten arbeiten. In den USA werden jährlich mehr als 6.000 Autounfälle durch verschlafene Fahrer verursacht. Was deine eigene Gesundheit und dein Wohlbefinden angeht: Wenn du nicht genug Schlaf bekommst, wirst du darunter leiden.

Ein guter Weg, um sicherzustellen, dass du ausreichend und erholsam schläfst, ist es, die grundlegenden Schlafrichtlinien und Ratschläge zu befolgen. Es gibt viele Möglichkeiten, wie du den besten Schlaf bekommst, aber hier sind einige feste Regeln, die jeder kennen sollte. Sie lauten wie folgt:

• Erhalte mehr Sonnenlicht während des Tages

• Reduziere deine Exposition gegenüber blauem Licht in Form von Bildschirmen

• Trinke keine koffeinhaltigen Produkte spät am Tag

• Versuche, Nickerchen zu vermeiden, wo du kannst

• Sei proaktiv mit regelmäßiger Bewegung

• Versuche, jeden Tag zur gleichen Zeit einzuschlafen und aufzuwachen

• Melatonin-Präparate einnehmen

- Richte dein Schlafzimmer für den Schlaf ein (richtige Temperatur, Verdunkelungsvorhänge usw.)

- Hol dir ein bequemes Bett

Diese Punkte scheinen offensichtlich zu sein, aber du wärst überrascht, wie viele Menschen ein kaputtes Bett oder eine alte Matratze haben und wie sehr sich das auf ihre Schlafqualität auswirken kann - mit all den negativen Folgen, die das mit sich bringt.

Beginne deine Angst zu akzeptieren

Wir haben das schon ein wenig angesprochen, aber einer der wichtigsten Schritte in deinem Leben ist es, zu akzeptieren, dass du Angst hast und dass sie dir Probleme bereitet. Dieses Eingeständnis bedeutet, dass du die Tatsache akzeptierst, dass etwas nicht stimmt, aber viele Menschen glauben, dass Unwissenheit ein Segen ist. Wenn nichts von Natur aus falsch ist, dann muss alles in Ordnung sein. Aber natürlich wissen wir, dass das nicht der Fall ist, und wenn du deine Probleme verdrängst, werden sie sich später nur noch verstärken.

Das bedeutet aber nicht, dass du dich mit deinen Ängsten identifizieren musst oder dass alle Hoffnung verloren ist oder etwas mit dir nicht stimmt. Wenn du feststellst, dass du zu viel nachdenkst (und das tust du ja bereits, wenn du dieses Buch in die Hand nimmst), ist das ein fantastischer Schritt, denn so kannst du erkennen, welche anderen Bereiche deines Lebens davon betroffen sein könnten, und du kannst etwas dagegen tun oder zumindest proaktiv mit den Symptomen umgehen. Wir haben einige Möglichkeiten aufgezeigt, wie du diesen

Schritt in deinem Leben umsetzen kannst:

● Sprich mit einem Freund oder einer vertrauten Person darüber, wie du dich fühlst

● Deine eigenen Umstände online recherchieren

● Erlaube dir zu weinen

● Finde Lachen oder Positives in jeder Situation

● Tagebuch führen oder mit dem Bloggen beginnen

● Suche nach anderen Menschen, denen es genauso geht wie dir

Mit Ängsten umzugehen ist ein Prozess. Du kannst nicht einfach mit den Fingern schnipsen und sie über Nacht ändern, und je nach deiner Situation kann es sein, dass sie nie ganz verschwindet. Aber lass dich nicht entmutigen. Du kannst sogar Hoffnung schöpfen, weil du weißt, dass es unendlich viele Möglichkeiten gibt, dir selbst zu helfen und auch anderen zu helfen. Es geht darum, den Prozess deiner Reise zu durchlaufen und herauszufinden, was für dich funktioniert.

Vergiss nicht: Du kannst es schaffen.

VIERTES KAPITEL

Methoden zur Beruhigung eines überdenkenden Geistes

Wir haben bereits über Stress und Angst gesprochen und erklärt, wie sie sich auf dein Leben auswirken und wie du damit umgehen und sie vielleicht sogar ganz überwinden kannst. Da dies jedoch sowohl die Ursachen als auch die Auswirkungen des Überdenkens sind, die alle miteinander verwoben sind, ist es an der Zeit, die Probleme des Überdenkens frontal anzugehen.

In diesem Kapitel beschäftigen wir uns mit sechs Formen des Vertiefens, z. B. wie du klar und zielgerichtet denken kannst, wie du einen von Sorgen und Ängsten geplagten Geist überwinden kannst und welche Techniken und Strategien dir helfen, dich von alles verzehrenden Gedanken zu befreien. Ich werde versuchen, jeden Teil dieses Kapitels so praktisch wie möglich zu gestalten, aber denk daran: Wissen ist Macht und je mehr du weißt, desto mehr Werkzeuge hast du in deinem Werkzeugkasten, um Probleme in deinem Leben zu lösen.

Fangen wir mit einem Klassiker an.

METHODE 13

Die Gewohnheit der Meditation entwickeln

Wir haben bereits darüber gesprochen, aber Meditation ist ein unglaublich mächtiges Werkzeug, wenn es darum geht, alle Arten von psychischen Problemen zu bekämpfen, mit denen du in deinem Leben konfrontiert sein könntest. Egal, ob du es mit einer stressigen Situation, einer intensiven Person oder einem Problem zu tun hast, oder ob du versuchst, mit deiner Angst und deinem Überdenken umzugehen, Meditation ist sehr hilfreich.

Es gibt jedoch ein paar weit verbreitete Missverständnisse, die wir ansprechen müssen. Erstens: Meditation ist kein Allheilmittel. Wenn du eine Panikattacke hast oder dich ängstlich fühlst, kannst du nicht einfach meditieren und erwarten, dass sich alles besser anfühlt. Das ist keine Lösung in diesem Sinne. Stattdessen ist Meditation eine Übung, bei der du lernst, deine Gedanken, Gefühle und Emotionen zu beobachten und dir ihrer bewusst zu werden. Deshalb wird die Praxis auch oft als Achtsamkeit bezeichnet. Es geht darum, achtsam und bewusst mit deinem Geist und deinen Gedanken umzugehen, anstatt deinen Geist auf Autopilot und unbewusst laufen zu lassen.

Es ist die Fähigkeit, sich seiner Gedanken bewusst zu werden, die nur durch den Akt der Meditation erreicht werden können. Jahrelang habe ich geglaubt, dass Menschen, die gestresst sind, sich an einem ruhigen Ort hinsetzen und entspannen, die Augen schließen und alle ihre Probleme verschwinden. So funktioniert das aber nicht. Wie alles im Leben ist auch die Meditation eine Fähigkeit, die geübt werden muss, um zu funktionieren.

Außerdem wird die Meditation nicht dazu benutzt, *den Geist frei zu machen*. Es gibt nur sehr wenige Menschen, die ihre Augen schließen und alle ihre Gedanken verschwinden lassen können. So funktioniert das eben nicht. Dein Gehirn denkt immer an etwas. Das ist seine Aufgabe, und es wäre nicht in Ordnung, wenn es nicht so wäre. Aber du bist weder dein Verstand noch deine Gedanken, und in der Meditation geht es darum, das herauszufinden.

Nimm dir jetzt einen Moment Zeit, um zu meditieren.

Wie bereits erwähnt, setzt du dich hin und spürst, wie das Gewicht deines Körpers nach unten zum Boden wandert, und du spürst den Kontakt mit der Oberfläche, auf der du stehst, sei es der Boden, das Bett oder der Stuhl. Richte deinen Körper so aus, dass du dich in dieser Position wohl fühlst, und sobald du eine stabile Position erreicht hast, versuche, ruhig zu bleiben. Konzentriere dich weiterhin auf den Kontaktpunkt und das Gefühl des Gewichts.

Nimm dir jetzt einen Moment Zeit, um deine Gedanken zu beobachten. Wenn du noch nie meditiert hast, kann es sich seltsam anfühlen, dieses Gefühl zu haben, dass du deine Gedanken beobachten kannst. So beschreiben es auch viele Gurus. Du wirst zum Wächter deines eigenen

Geistes. Genauso wie du das Gefühl der Erdung spürst, aber nicht das Gefühl selbst bist, solltest du versuchen, das Gleiche mit deinen Gedanken zu tun.

Es gibt viele Möglichkeiten, wie du das angehen kannst. Manche raten dir, dich auf deine Gedanken zu konzentrieren, wenn du ihnen auf die Spur kommen willst, während andere es vorziehen, sie kommen und gehen zu lassen, ohne ihnen viel Aufmerksamkeit zu schenken. Wenn du anfängst, versuche einfach, dir der Gedanken bewusst zu werden. Schließe deine Augen, atme tief ein und konzentriere dich auf das Gefühl der Schwere.

Wenn du merkst, dass du dich in Gedanken verlierst und dich nicht mehr auf das gewichtete Gefühl konzentrierst, sagst du dir: "Oh, ich war in meinen Gedanken verloren. Das ist in Ordnung", und konzentriere dich wieder auf das gewichtete Gefühl. Sobald dein Geist wieder zu denken beginnt, nimm ihn wahr und konzentriere dich wieder auf das Gefühl.

Am Anfang wirst du vielleicht feststellen, dass du längere Zeit in Gedanken versunken bist, manchmal mehrere Minuten lang, bevor du überhaupt merkst, dass du dich nicht auf das gewichtete Gefühl konzentrierst. Als ich mit meiner eigenen Meditationspraxis begann, habe ich mich hingesetzt und genau diese Praxis mit einem Zehn-Minuten-Timer ausprobiert. 90 % dieser Zeit verbrachte ich in meinem Kopf, bevor ich merkte, was vor sich ging.

Achtsamkeit ist eine Fähigkeit, die gelernt und geübt werden muss. Wenn du erst einmal angefangen hast, deine Gedanken wahrzunehmen, wird sich das auch auf andere Bereiche deines Lebens auswirken. Auch wenn du nicht meditierst, wirst du anfangen, deine Gedanken und das, was du denkst, zu bemerken und dir dein Denken bewusst zu machen, anstatt gedankenlos zu denken.

Das heißt, wenn du in eine schwierige, stressige Situation gerätst, dich ängstlich fühlst oder das Gefühl hast, dass du zu viel nachdenkst, wirst du deine Gedanken wahrnehmen, anstatt in sie zu versinken.

Was bringt es, achtsam zu werden und deine Gedanken zu erkennen? Schließlich hältst du sie ja nicht auf. Nun, es ist das, was als nächstes kommt. Kennst du diese Momente, in denen du einen wirklich verrückten Gedanken hast, etwas wirklich Dunkles und Schreckliches, und du denkst, wenn jemand wüsste, was du in diesem Moment denkst, würdest du wahrscheinlich irgendwo weggeschickt werden, und Gott sei Dank denkst du nicht immer so?

Keine Sorge... Jeder hat diese Gedanken von Zeit zu Zeit, und zwar deshalb, weil sie so extrem sein können, dass sie auffallen und du dir ihrer bewusst wirst. Der Gedanke selbst ist so abnormal, dass er dich aufhält und dich dazu zwingt, ihn bewusst wahrzunehmen. Was tust du also als Nächstes? Nun, du nimmst den Gedanken wahr und stufst ihn als extremen Gedanken ein. Du verfolgst ihn nicht weiter und tust auch nicht wirklich etwas damit. Du sagst einfach: "Okay, das ist ein komischer Gedanke" und lässt ihn los.

Das ist genau das, was du tun kannst, wenn du zu viel denkst und stressige, ängstliche Gedanken hast. Du nimmst sie wahr und sagst dir: "Hey, das ist ein Gedanke, der vom Überdenken kommt", und lässt ihn los. Das Loslassen hilft dir, geerdet zu bleiben und dich auf den Moment zu konzentrieren, anstatt dich von Gedanken und Gefühlen mitreißen zu lassen. Es geht um die Achtsamkeit des Prozesses.

Wenn du den Anfang machen willst, solltest du dir die in Methode 9 aufgelisteten Ressourcen ansehen, einschließlich der Apps und Websites, denn diese können dir helfen, dich zurechtzufinden.

METHODE 14

Bewusstes Denken möglich machen

Egal, ob du deine Meditationspraxis erweiterst oder feststellst, dass Meditation etwas für dich ist, bei dieser Methode geht es darum, von Moment zu Moment bewusst denken zu können. Genauso wie bei der Meditation kannst du dir deiner Gedanken bewusst werden, wenn du es auf andere Art und Weise tust. Obwohl ich dafür plädiere, regelmäßig zu meditieren, weil das der beste Weg ist, bewusst zu denken, wollen wir uns auf einige andere Möglichkeiten konzentrieren, wie du das in dein Leben einbauen kannst.

Wenn du diese Techniken zusammen mit deiner Meditationspraxis anwendest, wirst du natürlich noch mehr davon profitieren. Lass uns loslegen.

Bewusst Aufgaben erledigen

Eine gute Möglichkeit, bewusstes Denken in dein Leben zu bringen, ist, darauf zu achten, wie du dich beim Staubsaugen, Abwaschen oder bei anderen Aufgaben im Haushalt fühlst. Da es sich dabei um Aufgaben handelt, die du täglich erledigst, werden sie zur Gewohnheit und damit zum Nährboden für unbewusstes Denken. Du erledigst die Aufgabe, anstatt dich auf das zu konzentrieren, was du tust.

Das kannst du ändern, indem du dich auf die Aufgabe konzentrierst und darüber nachdenkst, was du tust und wie du dich fühlst. Frag dich: Fühlst du dich erschöpft, ausgelaugt, uninspiriert oder uninteressiert?

Bewusstes Denken bedeutet, dass du dein Bewusstsein in den Prozess einbringst. Es bedeutet, dass du dich auf das konzentrierst, was du gerade tust. Du wirst feststellen, dass es dir Spaß macht, deine normalen Aufgaben zu erledigen, vor allem, weil du dich darauf konzentrierst und dadurch weniger Gefahr läufst, in alte Denkgewohnheiten zu verfallen. Du wirst es vielleicht immer noch verabscheuen, Hausarbeiten zu erledigen, aber zum Glück wirst du dir deiner Gedanken bewusst, wenn die meisten Menschen auf Autopilot sind.

Du wirst dich im Leben präsenter fühlen, statt nur ein stummer Beobachter zu sein, wenn du deine Aufgaben mit Leben erfüllst und deinen regelmäßigen Aufgaben wieder einen Sinn gibst.

Achtsamer Umgang mit Technologie

Seien wir ehrlich: So viele von uns haben eine unbewusste Beziehung zur Technologie. Noch während ich diesen Satz schrieb, griff ich nach meinem Handy, öffnete Instagram, scrollte zwei oder drei Bilder herunter und merkte dann, dass ich es einfach getan hatte, ohne nachzudenken.

Wie verbringst du die meiste Zeit mit deinem Handy oder Computer, wenn du ihn benutzt? Scrollst du stundenlang durch Facebook und Instagram, checkst du ständig E-Mails, schaust du dir YouTube an oder kaufst du neue Gadgets oder Kleidung? So viele Menschen verschwenden jeden Tag Stunden auf sozialen Medien und anderen unproduktiven Websites, ohne es zu merken.

Wenn du achtsam mit deiner Technologie umgehst, wirst du auch in allen anderen Bereichen deines Lebens große Verbesserungen feststellen. Du kannst dies tun, indem du die Zeit, die du mit deinen Geräten verbringst, einschränkst, Apps löschst, mit denen du keine Zeit verschwenden willst, dein Telefon vor dem Schlafengehen nicht benutzt, Website-Blocker für ablenkende Websites installierst und so weiter.

Im Grunde geht es darum, dass du deine Beziehung zur Technik selbst in die Hand nimmst, anstatt sie unbewusst über dich bestimmen zu lassen. Diese Art von Disziplin und Achtsamkeit wird sich auch auf andere Bereiche deines Lebens auswirken.

Achtsames Essen einführen

Wie oft achtest du darauf, was du isst? Wenn du wie die meisten Menschen bist, wahrscheinlich nicht so oft. Es ist viel wahrscheinlicher, dass du deine Zeit damit verbringst, dein Essen hinunterzuschlingen, während du liest, die Nachrichten siehst oder auf deinem Handy spielst, als dass du dich auf die Empfindungen beim Essen selbst konzentrierst. Viele von uns genießen ihr Essen deshalb nicht so sehr, wie sie es eigentlich könnten. Das führt zu unbewussten Essgewohnheiten, wie z. B. dem häufigen Verzehr von Imbissen, Snacks und Fast Food.

Isst du Lebensmittel, die dir Leben geben und deine Zellen nähren, oder fütterst du deinen Körper mit chemiebelasteten, verarbeiteten Mahlzeiten, die wenig bis gar keinen Nährwert haben? Wenn du ein schnelllebiges Leben führst, ist es nur allzu einfach, durch das nächste Fast-Food-Restaurant zu fahren und die Bequemlichkeit über die Ernährung zu stellen, aber vielleicht ist dir gar nicht bewusst, wie oft du das tust.

Du kannst dich dafür entscheiden, mehr vollwertiges, frisches Obst und Gemüse zu essen, anstatt Fast Food oder Tiefkühlgerichte. Du kannst deine Gewohnheiten ändern, und was du isst, kann entweder gesund oder ungesund sein.

Überlege dir, was du essen willst, bevor du es runterschluckst. Einer der grundlegendsten Bestandteile des bewussten Denkens ist das Essen. Genau wie bei der Meditation kannst du durch die Aufmerksamkeit auf dein Essen deinen Fokus trainieren, was dir hilft, diesen Fokus auch in anderen Bereichen deines Lebens anzuwenden.

Außerdem wirst du anfangen, das Essen viel mehr zu genießen!

Raus aus der Komfortzone

Es gibt keinen besseren Weg, um deinen Geist und deine Seele auf die Probe zu stellen, als sie auf neues Terrain zu führen. Du regst deine Seele an und setzt negative Denkgewohnheiten außer Kraft, indem du etwas Frisches und Neues ausprobierst. Es gibt keinen besseren Weg, deinen Geist zum bewussten Denken zu bringen, als ihn in eine Situation zu versetzen, in der du dich darauf konzentrieren musst, was du tust und wie du vorankommst.

Es ist so einfach, die meiste Zeit unseres Lebens in der Komfortzone zu verbringen und das zu tun, was wir kennen, während wir uns nur dann in sichere Gefilde begeben, wenn es zu unseren Bedingungen ist. Indem du dich in schwierige Situationen begibst, lernst du, wie du mit stressigen Situationen umgehen kannst. Natürlich braucht es dafür ein bisschen Selbstvertrauen und einen Vertrauensvorschuss, aber du hast es in dir; du musst nur den Schritt wagen und den Prozess genießen. Nimm dir Zeit und lass die Dinge wachsen. Du kannst die Ergebnisse nicht sofort erwarten.

Ein Beispiel dafür wäre, dass du dich ins kalte Wasser stürzt und sagst, dass du bei einem besonderen Ereignis wie einer Hochzeit eine Rede halten musst.

Du hast vielleicht Angst davor, wie andere reagieren werden, aber wenn du dich auf deine Ängste einlässt, kannst du neue Denkmuster entwickeln, die Optimismus und Zuversicht fördern, anstatt Verzweiflung und Angst zu schüren. Du kannst positives Denken üben, bevor du auf die Bühne gehst.

Du kannst die Sätze "Meine Rede ist nicht gut genug, alle werden sie hassen, und ich bin zu nervös, um auf der Bühne zu sprechen" in: "Ich habe diese Rede von Herzen geschrieben, also kann sie nicht schlecht sein, und ich bin voll und ganz in der Lage, diese Rede jedem in diesem Raum vorzulesen" umwandeln.

Übe diese Techniken weiter und setze sie in deinem Leben ein, wo du kannst, aber scheue dich nicht, kreativ zu werden. Wenn du E-Mails beantworten, um dein Haus herumgehen, duschen oder in irgendeinem anderen Bereich deines Lebens bewusst werden willst, dann tu, was für dich funktioniert.

METHODE 15

Wie man CBT-Training einsetzt

Du hast wahrscheinlich schon von CBT (Cognitive Behavior Therapy) gehört. Sie hat sich in den letzten Jahren in der Welt der psychischen Gesundheit als eine der effektivsten Behandlungsmethoden etabliert, um Menschen zu helfen, bewusst zu denken, übermäßige Denkmuster zu überwinden und die allgemeine psychische Gesundheit zu verbessern.

Das ist eine harte Übung und könnte anfangs schwierig sein. Wie wir bereits besprochen haben, sind alle deine Gedanken miteinander verbunden, genauso wie übermäßiges Denken mit Stress und Angst verbunden ist oder auch ein eigenständiges Konzept sein kann. Bei der CBT geht es darum, diese Zusammenhänge zu erforschen. Wenn du diese Zusammenhänge verstanden hast, kannst du dich von den Hindernissen oder Denkmustern befreien, die dich früher zurückgehalten haben.

Es braucht Zeit, diese Fähigkeiten zu entwickeln, also musst du geduldig mit dir sein und dir Zeit lassen, deine Fähigkeiten zu entwickeln. In manchen Fällen wirst du wahrscheinlich professionelle Hilfe brauchen, sei es von einem zugelassenen Therapeuten, Berater oder Psychologen.

Darauf werden wir uns jetzt konzentrieren. Diese CBT-Techniken können zu Hause geübt werden, und wir werden sie Schritt für Schritt erkunden. Fangen wir also mit dem ersten Teil an.

Deine Perspektiven ändern

Es gibt eine Technik, die als kognitive Umstrukturierung bekannt ist und die sehr effektiv ist, wenn es darum geht, deine Perspektive und deinen Ausblick auf das Leben zu ändern. Das hängt mit vielem zusammen, was wir bereits über negatives Denken, Überdenken und den Umgang mit Depressionen, Ängsten und anderen Problemen gesagt haben.

Das Verfahren ist einfach. Wenn du dich das nächste Mal dabei ertappst, wie du dich deprimiert, ängstlich oder in einem Kreislauf des Überdenkens gefangen fühlst, stelle dir diese Frage:

Woran denkst du, was tust du oder was fühlst du, dass du dich so fühlst, wie du dich fühlst? Gibt es irgendetwas in deinem Leben, mit dem du kämpfst und das dich belastet?

Es kann entweder offensichtlich sein, was du durchmachst (vielleicht passiert gerade ein lebensveränderndes Ereignis), oder die Antworten sind weniger offensichtlich. Vielleicht fällt dir auf Anhieb nichts ein, oder es fallen dir ein paar Dinge ein, aber du bist dir nicht sicher, welches es ist. Der Trick dabei ist, dass du alles aufschreibst, woran du denkst, auch wenn es nur eine Liste ist.

Schau dir diese Aspekte deines Lebens an, sieh dir an, wie sie zusammenhängen und welche Verbindungen zwischen den Gedanken bestehen. Auf diese Weise findest du deine Auslöser und kannst damit beginnen, deine Perspektive zu ändern. Ganz gleich, ob du aufhören willst, dir so viele Sorgen zu machen, oder ob du dein Leben proaktiv verändern willst, dies ist ein guter Weg, um das zu tun.

Das kann lang und kompliziert werden. In meinen jüngeren Jahren und als Teenager hatte ich immer ein Problem mit Geld. Ich gab endlos Geld aus und sparte nie, so dass ich ständig mein Konto überzog. Aber ich wusste nicht, warum ich mir das antat. Ich wollte sparen und finanziell abgesichert sein, aber jedes Mal, wenn es mir gut ging, gab ich es impulsiv aus und stand wieder am Anfang. Und warum?

Durch die CBT konnte ich herausfinden, dass meine Eltern in meiner Kindheit (die Zeit, in der viele deiner Probleme ihren Ursprung haben) ständig über Geld und Finanzfragen stritten, so dass ich Geld von klein auf als Problem sah. Auf eine seltsame, meist unbewusste Weise wollte ich kein Geld haben, weil ich es aufgrund meiner Kindheitserfahrungen als etwas Negatives im Leben ansah. Als ich diesen Gedankengang erkannte, konnte ich meine Sichtweise und damit mein Leben ändern!

Das Gleichgewicht finden

Übermäßiges Denken und andere psychische Probleme werden in der Regel durch ein Ungleichgewicht im Denken verursacht, und höchstwahrscheinlich sind die Gedanken, die du in den schlimmsten Zeiten hast, deshalb fehlerhaft. Du denkst und konzentrierst dich nur auf einen bestimmten Gesprächspunkt oder eine bestimmte Perspektive, ohne die Fähigkeit oder Einsicht, das Gesamtbild zu betrachten. Das führt zu einem Ungleichgewicht und damit zu

Problemen, besonders wenn du in diesem Zustand Entscheidungen triffst.

Wenn du zum Beispiel denkst, dass du nervös bist, wenn du vor einer großen Menschenmenge sprichst, und du sagst: "Ich könnte nicht vor einer großen Gruppe von Menschen sprechen, ich wäre so nervös", wirst du natürlich so denken. Wenn du jemals in eine Situation kommst, in der du vor einer großen Gruppe sprechen musst, wirst du dich nervös und panisch fühlen.

Jedes Mal, wenn du dich in der gleichen Situation befindest, verstärkst du diesen Standpunkt und verankerst ihn in deinem Kopf. Wenn du dich jedoch in die Realität zurückversetzt, wirst du feststellen, dass du vielleicht gar keine Angst hast, vor einer Menschenmenge zu sprechen, sondern dir nur eingeredet hast, dass du Angst hast. Das ist der Kernpunkt eines unausgewogenen Denkens.

Beobachte, wie dein Gehirn Entscheidungen rationalisiert, die aus Angst oder Vermeidung getroffen werden, und frage dich: "Welche Beweise habe ich für diesen Gedanken? Gibt es objektive Beweise dafür, dass etwas schiefgehen wird, oder vermute ich das nur?"

Überlege, ob andere Ideen ausgeglichener oder vorteilhafter wären. Welche neuen Gefühle würden sich einstellen, wenn du deinen Denkprozess so anpasst, dass er weniger ängstlich oder negativ ist? Wenn du versuchst, das Gleichgewicht deiner Gedanken zu verbessern, werden sich wahrscheinlich auch deine Gefühle und dein Verhalten verbessern.

Lerne, freundlich zu dir selbst zu sein

Es ist unglaublich einfach, sich in negativen Selbstgesprächen zu

verfangen, ohne es zu merken, vor allem, wenn du den CBT-Prozess durchläufst und auf ein Hindernis stößt, einen harten Tag hast oder Mist baust, und du dich in alten Zyklen verlierst, obwohl du denkst, dass du Fortschritte machst. Wenn du dich jedoch immer wieder selbst beschimpfst, wird dir das nicht das nötige Selbstvertrauen geben, um besser zu werden.

Ersetze negative Gedanken mit etwas Netterem, wenn du merkst, dass sie sich einschleichen, wie z.B. "Warum kann ich mich nicht zusammenreißen?" oder "Andere Menschen haben diese Schwierigkeiten nicht" durch Gedanken wie "Ich konzentriere mich darauf, damit ich etwas dagegen tun kann" oder "Ich bin auf meinem Weg und lerne, mit diesen Dingen umzugehen. Es braucht nur Zeit und einen offenen Geist, beides habe ich."

Das soll nicht heißen, dass du dich entschuldigen sollst, wenn du einen Fehler gemacht oder etwas falsch gemacht hast, sondern dass du dir die Gnade gönnen sollst, die du normalerweise nur für andere aufhebst.

CBT zusammenfassen

Das ist im Grunde der Prozess der CBT. Um es auf den Punkt zu bringen: Es geht darum, deine Gedanken zu erkennen, ihnen Ersatzgedanken zu geben und diesen Prozess immer wieder zu durchlaufen, um die einschränkenden oder unterdrückenden Gedanken zu finden, die dich zurückhalten, und sie dann durch neue Denkweisen zu ersetzen. Wie der Titel dieses Buches schon sagt, stellst du deinen Verstand aktiv um, damit du nicht mehr zu viel denkst und eine positivere Einstellung hast.

Wenn du es noch ein bisschen weiter herunterbrechen und einprägsamer machen willst, erinnere dich an die fünf Schritte des CBT, die wie folgt lauten:

• Beunruhigende, belastende oder unangenehme Bereiche deines Lebens finden

• Werde dir der Gedanken, Gefühle und Emotionen bewusst, die mit diesen Situationen verbunden sind

• Finde die negativen oder einschränkenden Bereiche in diesen Denkmustern

• Gestalte diese Gedanken um und ersetze sie durch nützlichere Gedanken

• Wiederhole den Prozess während deines gesamten Lebens

Ich sage es noch einmal: Je mehr du etwas übst, desto besser wirst du darin, und so ist es auch beim CBT. Es ist ein kontinuierlicher Prozess, der dir hilft, Teile deines Lebens zu bewerten und zu verbessern, vor allem in Bereichen, in denen du zu viel nachdenkst. Wenn du Hilfe brauchst, findest du im Internet zahlreiche Ressourcen, oder du kannst dich an einen Fachmann wenden.

METHODE 16

Wie man mit Ängsten und Sorgen umgeht

Furcht ist eine einschränkende Überzeugung. Das gilt auch für Sorgen und Ängste. Es spielt keine Rolle, wovor du dich fürchtest, ob es sich um etwas Körperliches, eine Situation, eine Erfahrung, eine Person oder etwas anderes handelt - in den allermeisten Fällen sind diese Ängste irrational oder werden irrational und halten dich am Ende zurück.

Ich kannte mal ein Mädchen in meiner Nachbarschaft, das von einem Hund gebissen wurde und fast ihr ganzes Leben lang Angst vor Hunden hatte. Das ist durchaus verständlich. Das ist eine sehr traumatische Erfahrung. Aber nur weil du als Kind von einem Hund gebissen wurdest, heißt das noch lange nicht, dass jeder Hund, dem du begegnest, dich beißt. Das war ein Einzelfall und es ist sehr unwahrscheinlich, dass es wieder passiert.

Daher wird diese Angst vor Hunden zu einer einschränkenden Überzeugung, die dich in vielerlei Hinsicht zurückhalten könnte, z. B. wenn sich ein potenzieller Partner von dir einen Hund zulegen möchte. Ganz gleich, ob du mit einer traumatischen Angst oder einer alltäglichen Angst oder Phobie, wie der Angst vor Spinnen, konfrontiert bist oder dir Sorgen machst, z. B. über ein bevorstehendes schwieriges Gespräch mit einem Freund oder einer Freundin, es gibt Ängste und Sorgen (die beide zu übermäßigem Denken führen), die du ansprechen, anerkennen und überwinden kannst. In diesem Kapitel geht es um einige Möglichkeiten, wie du genau das tun kannst.

Deine Ängste bewältigen

Je mehr du etwas denkst, desto mehr glaubst du es, unabhängig davon, ob es wahr ist oder nicht. Das Gleiche gilt für Ängste und Sorgen. Wenn du dich deinen Ängsten nicht stellst, zementierst du die Tatsache, dass du dich vor dem fürchtest, wovor du dich fürchtest, und machst die Angst noch schlimmer. Ja, es ist beängstigend, sich seinen Ängsten zu stellen, aber je öfter du es tust, desto schneller und einfacher wirst du sie überwinden.

Wenn du zum Beispiel Angst vor Spinnen hast und eine Spinne in deinem Haus hast, die du nicht nach draußen bringen willst, dann musst du zumindest versuchen, sie nach draußen zu bringen. Vielleicht gelingt es dir nicht gleich beim ersten Mal, aber je mehr du es versuchst, desto eher wirst du deine Angst überwinden können.

Übe eine Entspannungstechnik

Wir haben bereits über muskelentspannende Techniken wie PMR, Meditation und so weiter gesprochen. Wenn du dich besorgt, ängstlich oder verängstigt fühlst, ist die Anwendung einer dieser Techniken eine gute Möglichkeit, dich zu erden und die Panik zu stoppen. Natürlich ist die obige Technik, mit der du dich deinen Ängsten stellen kannst, wahrscheinlich nicht das, was du hören willst, aber sie ist trotzdem wichtig, wenn du das Hindernis überwinden willst.

Du kannst diese beiden Techniken kombinieren und zu Beginn des Prozesses, in dem du dich deiner Angst stellst, eine Entspannungstechnik anwenden, um dich zu beruhigen und in einen geerdeten Geisteszustand zu kommen, bevor du weitergehst.

Nehmen wir an, du nimmst das Spinnenproblem in deinem Haus in Angriff. Wenn du weißt, dass du dich deinen Ängsten stellen musst, schaltet sich natürlich dein übermäßiges Denken ein, was dich nur noch mehr in Panik versetzt und noch mehr Angst macht. Wie wir bereits besprochen haben, kannst du diese Gedankenmuster unterbrechen, indem du sie anerkennst und sie dann mit einer Technik beruhigst, die für dich funktioniert.

Wenn du ruhig und gelassen bist, kannst du dich deiner Angst stellen und sie rechtzeitig überwinden.

Nimm dir Zeit, dich selbst kennenzulernen

Es wird in deinem Leben Auslöser geben, die dich ängstigen und beunruhigen, und es wird Dinge geben, die du tun kannst, damit du dich besser fühlst und diese Ängste abbauen kannst. Das ist jedoch nur möglich, wenn du dir proaktiv Zeit nimmst, um dich selbst kennenzulernen und zu erkennen, wie dein Verstand funktioniert. Deshalb empfehlen viele Menschen, ein Tagebuch zu schreiben oder zu führen, weil du dir damit Zeit nimmst, dich selbst kennenzulernen und einen sicheren Raum zum Nachdenken schaffst.

Wenn du jedoch das Gefühl hast, dass bestimmte Ängste dich wirklich zurückhalten, brauchst du kein ganzes Tagebuch zu führen. Angenommen, du hast Angst davor, in der Öffentlichkeit zu sprechen, aber du musst es trotzdem tun. Du kannst einen Zettel in deiner Tasche haben, auf dem du dir selbst sagst, dass alles in Ordnung ist und du es schaffen kannst. Allein durch das Wissen, dass es da ist, wirst du dich ruhiger fühlen und wissen, dass du es schaffst.

Selbst ein kleiner Zettel, auf dem steht, dass du es schaffen kannst, kann ausreichen, um dich zu motivieren, den Schritt zu wagen und dich deinen Ängsten zu stellen. Wenn du möchtest, kannst du den Zettel auch von jemandem schreiben lassen, dem du vertraust. Es ist wirklich nicht wichtig, was aber wichtig ist; wichtig ist, dass du kleine Lösungen findest, die dich weiterbringen.

Definiere deinen Zweck

Es ist einfacher, sich seinen Ängsten zu stellen, wenn du dir Zeit nimmst, um herauszufinden, warum du etwas tun willst. Öffentliches Reden ist zum Beispiel nicht jedermanns Sache, und manche Menschen scheuen sich ihr ganzes Leben lang davor. Wenn du jedoch in einem Beruf erfolgreich sein willst, in dem du in der Öffentlichkeit sprechen musst, musst du deine Angst vor öffentlichen Auftritten überwinden.

Frag dich, was du mehr willst. Willst du erfolgreich sein und deine Angst überwinden, oder willst du bleiben, wo du bist, und möglicherweise die Karriere deines Lebens verpassen, weil du den Schritt nicht wagen konntest? Eine Spinne vor die Tür zu setzen oder nicht in einen Aufzug zu steigen, weil du Angst hast, mag nicht wie eine große Angst erscheinen, die du überwinden musst. Aber das stimmt nicht ganz.

Finde deinen Sinn in der Überwindung deiner Ängste und mache den Prozess so viel einfacher und effektiver. Wenn du aber Kinder hast, die dazu neigen, die Handlungen ihrer Eltern zu kopieren, willst du dann, dass deine Kinder Angst vor Spinnen haben? Der Grund, warum du dich mit dieser Angst auseinandersetzen solltest, ist, dass du deinen Kindern ermöglichen willst, ohne diese Angst aufzuwachsen.

Wenn du einen Sinn, ein positives Gefühl und ein Ziel in deinem Handeln findest, kann das deine Motivation enorm steigern. Damit sind wir am Ende dieses kleinen Kapitels angelangt. Zusammenfassend lässt sich sagen, dass das Beste, was du tun kannst, wenn du vor etwas in deinem Leben Angst hast, darin besteht, dich der Angst zu stellen und sie zu überwinden. Das ist am Anfang schwer, aber die Überwindung einer Angst ist etwas, das dir in deinem Leben helfen kann.

METHODE 17

Suche nach Therapie und professionellen Dienstleistungen

Wenn du das Gefühl hast, dass du mit einer Angst lebst, die dich stark einschränkt und dich daran hindert, das Leben zu leben, das du dir wünschst, vor allem, wenn du schon versucht hast, etwas dagegen zu tun, aber keine nennenswerten Fortschritte zu machen scheinst, dann ist es an der Zeit, professionelle Hilfe in Anspruch zu nehmen. Das kann in Form von Beratung, einem Therapeuten oder einem Psychologen geschehen.

Viele Leute reden darüber, wie schwer es ist, eine Therapie zu beginnen, aber es ist ganz einfach. Du suchst dir einen Therapeuten aus und nimmst Kontakt mit ihm auf. Ihr besprecht, worüber ihr reden wollt und ob ihr zueinander passt, und dann beginnt ihr mit den Sitzungen. Solche Selbsthilfesitzungen können eine Weile dauern, bis sie in Gang kommen und erste Erfolge zeigen. Es kann sein, dass du erst einige deiner inneren Mauern niederreißen und dich mit schwierigeren Themen auseinandersetzen musst, bevor du dich und deine Ängste verstehen kannst. Sobald du sie verstanden hast, kannst du an ihnen arbeiten, sei es, indem du dein Denken und deine Denkmuster umstellst oder indem du die Angst direkt aktiv überwindest.

Der Einstieg ist also einfach, aber es ist kein fließender Prozess. In diesem Kapitel möchte ich dir einige Tipps geben, die ich aus der Forschung, aus persönlichen Erfahrungen und aus den Erfahrungen anderer in meinem Leben gesammelt habe, um den Prozess so reibungslos wie möglich zu gestalten und damit du das Beste aus deiner Erfahrung mit professioneller Hilfe herausholen kannst.

Nimm dir Zeit, den richtigen Fachmann zu finden

Nicht alle Therapeuten sind gleich, und sie sind auch nur Menschen. Wenn du mit einer Sitzung beginnst, nimm dir ein paar Sitzungen Zeit, um zu sehen, ob es bei dir "Klick" macht. Wenn es bei dir nicht "Klick" macht und du dich unwohl fühlst oder das Gefühl hast, dass es bei dir nicht funktioniert, bitte um eine Überweisung oder suche dir eine andere Fachkraft. Therapeuten erwarten, dass so etwas passiert, also sei nicht böse. Vergiss nicht, dass es darum geht, sich Zeit für dich zu nehmen und dich zu verbessern, d.h. Dinge zu tun, die dir gut tun.

Wenn du bei einem Therapeuten bist und es beim ersten Mal nicht klappt, heißt das nicht, dass die Therapie nichts für dich ist und du aufgeben solltest. Nimm dir stattdessen Zeit, um den richtigen Therapeuten für dich zu finden.

Sei sicher, dass du ehrlich bist

Du wirst keine professionelle Hilfe in Anspruch nehmen können, wenn du nicht offen und ehrlich bist. Natürlich solltest du dir Zeit lassen, bevor du dich einem Fremden gegenüber öffnest, aber ein guter Therapeut wird offen und ehrlich zu dir sein und dir helfen, eine Beziehung aufzubauen, in der du du selbst sein und offen reden kannst, ohne dich zu zensieren.

Wenn du dich in einer Sitzung dabei ertappst, dass du lügst oder nicht ganz ehrlich bist, musst du dich fragen, warum du das tust. Was hält dich zurück und was musst du tun, um es zu überwinden?

Es braucht Zeit zum Arbeiten

Viele Menschen glauben, dass du in einer Therapie ein schwieriges Thema ansprichst, bei dem du am liebsten zusammenbrechen und vor einem Fremden weinen würdest. Das ist durchaus möglich, aber es ist wichtig, sich daran zu erinnern, dass eine Therapie zwar hart sein kann, sich aber lohnt und es Zeit braucht, um Ergebnisse zu sehen.

Es kann sein, dass es erst einmal schwierig wird, bevor es besser wird, aber wie bei allem anderen, was wir in diesem Buch besprochen haben, wird es sich positiv auf dein Leben auswirken, wenn du proaktiv einen Vertrauensvorschuss für dich selbst in Anspruch nimmst, der dein Leben für immer positiv verändern kann und mit Sicherheit auch wird.

Du musst Geduld mit dir und dem Prozess haben. Es braucht Zeit. Es kann Wochen oder Monate dauern, bis du dich besser fühlst, aber wenn du bedenkst, dass du wahrscheinlich versuchst, mit Traumata und Problemen umzugehen, an denen du seit Jahren oder Jahrzehnten festhältst, macht es Sinn, warum es so lange dauern kann.

Es ist kein egoistischer Prozess

Als ich Therapiesitzungen hatte, dachte ich immer wieder darüber nach, wie egoistisch es war, in das Büro dieser Person zu gehen und eine Stunde pro Woche nur über mich und mein eigenes Leben zu reden. Die mitfühlende Seite in mir wollte über das Leben meiner Therapeutin sprechen und darüber, was sie gerade durchmacht. Ich hatte den Drang, es ausgeglichen zu gestalten.

Aber wie sie mich freundlich daran erinnerte, hatte ich noch nie in meinem Leben die Gelegenheit, mich mit jemandem zusammenzusetzen und so ausführlich mit ihm zu reden, vor allem in einem Raum, der Vertrauen, Offenheit und Ehrlichkeit fördert. Auf sich selbst aufzupassen ist nicht egoistisch. Wenn du dir nicht die Zeit nimmst, die beste Version deiner selbst zu werden, kannst du dich auch in deinen anderen Beziehungen oder in jedem anderen Bereich deines Lebens nicht von deiner besten Seite zeigen.

Eine Anmerkung zum Thema Geld

Bevor wir diesen Abschnitt beenden, müssen wir über Geld sprechen, denn eine Therapie oder jede Art von professioneller Hilfe kann teuer sein. Das macht Sinn. Um Therapeut/in zu werden, muss man Tausende von Stunden und Jahre der Ausbildung absolvieren, und wenn Therapeut/innen nicht für ihre Arbeit bezahlt werden, können sie ihre Dienste nicht anbieten.

Der Nachteil ist jedoch, dass sich nicht jeder den Service leisten kann, und wenn du in dieser Situation bist, kann es eine schwierige

Entscheidung sein, sie zu treffen. Willst du Geld ausgeben, damit es dir besser geht, aber in der Zwischenzeit mit weniger Geld auskommen, oder willst du einfach so weitermachen wie bisher? Wenn du Geldprobleme hast oder eine Familie zu versorgen hast, ist das keine leichte Entscheidung.

Am besten knüpfst du an das an, was wir bereits besprochen haben. Du musst proaktiv einen Therapeuten finden, der zu deinen Bedürfnissen passt. Finde einen Therapeuten, mit dem du dich gut verstehst und mit dem du offen und ehrlich sein kannst. Aber achte auch darauf, dass die Kosten im Rahmen deines Budgets liegen. Sprich mit dem Therapeuten oder der Therapeutin, um herauszufinden, was er oder sie für dich tun kann, damit ihr eine Vereinbarung treffen könnt, die für euch beide passt.

Damit kommen wir zum Ende des vierten Kapitels und unserer Reise zur Überwindung der Ängste und Sorgen, mit denen wir vielleicht leben. Damit sind wir am Ende dieses Abschnitts angelangt, in dem es um die Probleme geht, mit denen du lebst, wenn es um Stress, Ängste und übermäßiges Denken geht, und jetzt werden wir uns damit beschäftigen, wie du aus diesem Teil deines Lebens herauskommen kannst. Du hast dich auf den Weg gemacht, um deine Probleme zu überwinden, und jetzt ist es an der Zeit, dich auf die neuen Bereiche zu konzentrieren, die du ansteuern willst.

FÜNFTES KAPITEL

Methoden zum Glücklichsein und zur Neuverdrahtung deines Geistes

Auf dem letzten Teil deiner Reise geht es darum, die Person zu werden, die du sein willst. Du lässt den alten, zu viel denkenden, ängstlichen oder nervösen Teil von dir hinter dir und nimmst die einmalige Gelegenheit wahr, zu dem zu werden, der du sein willst. Das bedeutet zwar für jeden etwas anderes, aber im Großen und Ganzen sind sich alle einig, dass sie glücklich und gesünder sein wollen und mit den Dingen, die in ihrem Leben passieren, in Frieden leben wollen.

In diesem Kapitel geht es darum, dir die Werkzeuge an die Hand zu geben, die du brauchst, um in diese Version deiner selbst zu gelangen. Es handelt sich um bewährte Strategien, die nachweislich dazu beitragen, dein Wohlbefinden, dein Selbstwertgefühl, dein Selbstvertrauen, dein Glücksgefühl, dein Gefühl des Friedens und vieles mehr zu verbessern. Wenn du bereit bist, diesen Teil deiner Reise zu beginnen, ist dieses Kapitel für dich da.

METHODE 18

Die Kunst, anderen zu helfen, hilft am Ende auch dir

Während in vielen Selbsthilfe-Ratgebern, Artikeln und Büchern beschrieben wird, was du tun kannst, um dir selbst zu helfen und dich zu verbessern, ist eine der besten Möglichkeiten, dir selbst zu helfen, anderen zu helfen. Indem du anderen hilfst, übernimmst du Verantwortung für sie und ihre Bedürfnisse und wirst dadurch zu einem wertvollen Menschen.

Erinnerst du dich an die Diskussion über unsere Vorfahren, die in Höhlen lebten? Um es kurz zu machen: Wenn du allein gelebt hättest und verletzt oder krank geworden wärst, hättest du in der Wildnis nicht lange überlebt. Stattdessen bedeutet Zusammenarbeit, dass Menschen schwierigere Zeiten überleben und gedeihen können, indem sie die Arbeit unter sich aufteilen oder sich gegenseitig versorgen. Die Last ist immer leichter, wenn man sie teilt.

Seitdem haben wir einen langen Weg zurückgelegt, und auch wenn es nicht mehr um Leben und Tod geht, wenn man allein ist und für sich selbst arbeitet, ist unser Instinkt, wertvoll zu sein und anderen mitfühlend zu helfen, immer noch ein Teil unseres Wesens und in unseren Genen verankert. Das heißt, jemandem zu helfen, bringt immer noch die gleiche natürliche Belohnung wie damals. Menschen sind im Grunde genommen Wesen mit alter, veralteter Computersoftware, die in einer modernen Welt leben.

Zu den erwiesenen und am besten erforschten Vorteilen der Hilfe für andere gehören:

● Es fühlt sich gut an und setzt wohltuende Chemikalien frei

● Es bringt Sinn in dein Leben

● Es fördert das Gefühl der Zugehörigkeit

● Du bekommst einen Einblick in das Leben der anderen

● Du erzeugst einen Schmetterlingseffekt, bei dem die Menschen, denen du hilfst, auch anderen helfen wollen

● Du reduzierst Stress und Angstgefühle

● Du pflegst gesündere und verbindlichere Beziehungen zwischen anderen Menschen

● Du entwickelst eine positivere Denkweise

Wie kannst du bei so vielen potenziellen Vorteilen anderen proaktiv helfen? Lass uns das erkunden.

Deine Zeit freiwillig für andere einsetzen

Die traditionellste Art, anderen zu helfen, ist die aktive Freiwilligenarbeit, die mit der Suche nach Möglichkeiten beginnt. Du könntest deine Zeit für eine Wohltätigkeitsorganisation oder eine Sache zur Verfügung stellen. Wenn jemand eine Party ausrichtet, umzieht oder Hilfe bei seinem Studium braucht, kannst du ihm deine Hilfe anbieten. Das ist alles, was du tun musst, um anzufangen.

Das wird gemeinhin als Zivildienst bezeichnet, und es gibt so viele Möglichkeiten. Du musst nur nach ihnen suchen. Du kannst zum Beispiel in einem Tierheim arbeiten, ehrenamtlich bei einer Essensausgabe mithelfen oder einem Freund beim Umzug helfen. Wenn du Schwierigkeiten hast, etwas zu finden, versuche, aktiv auf Menschen und Organisationen wie Bibliotheken, Hochschulen und Tierheime zuzugehen, um herauszufinden, welche Möglichkeiten es dort gibt.

Frag die Leute, was sie brauchen

Der nächste Schritt ist, Gelegenheiten zu schaffen, um anderen zu helfen. Viele Menschen wollen nicht um Hilfe bitten, weil sie nicht bedürftig wirken oder den Eindruck haben wollen, dass sie andere ausnutzen. Manche Menschen wollen nicht um Hilfe bitten, weil sie nicht zugeben wollen, dass sie sie brauchen. Du kannst diesen Zustand überwinden, wenn du Hilfe anbietest und jemanden fragst, was er braucht, und so die anfängliche Barriere durchbrichst, dass er sich nicht traut zu fragen.

Du brauchst nicht immer zu fragen, ob jemand Hilfe braucht, aber halte die Augen offen für versteckte Gelegenheiten. Als ich zum Beispiel das Haus meiner Eltern besuchte, bekamen sie einige Ziegelsteine geliefert, die sie um ihren Teich herum verlegen wollten. Die Palette wurde in der

Einfahrt abgestellt, und als ich ankam und erfuhr, um welche Steine es sich handelte, fragte ich, ob sie Hilfe bräuchten, um sie zum Teich zu bringen. Sie stimmten zu und ich half mit. Das war's auch schon.

Nachdem wir zu Abend gegessen hatten, räumte meine Mutter die Teller ab und begann mit dem Abwasch, also fragte ich sie, ob sie mir helfen wollte, sie abzutrocknen und alles wegzuräumen. Kleine Handlungen wie diese schaffen starke und bedeutungsvolle Bindungen zu Menschen und geben dir Sinn und Zweck in deinem Leben. Mit Sinn und Bedeutung kommen Frieden und Glück.

Du wirst auch mehr Möglichkeiten finden, anderen zu helfen, wenn du ihnen mehr zuhörst. Höre zu, was sie sagen, versuche, nicht zu urteilen, und schenke ihnen deine volle Aufmerksamkeit. Durch dein Zuhören kannst du herausfinden, womit die Menschen zu kämpfen haben, und so Möglichkeiten zur Hilfe erkennen.

Teilen ist Fürsorge

Eine der einfachsten Möglichkeiten, Menschen zu helfen, ist es, zu teilen, was du hast, und das bedeutet nicht nur, dass du teilst, was du hast. Es bedeutet, dass du die Menschen an die erste Stelle setzt und sie wissen lässt, dass du an sie und ihr Wohlergehen denkst. Scheinbar kleine Gesten wie jemandem die Tür aufzuhalten oder ihm eine Tasse Kaffee anzubieten, wenn du dir selbst eine machst, können seinen Tag aufhellen und ihm das Gefühl geben, geschätzt zu werden.

Halte deine Augen offen für unerwartete Gelegenheiten, Freundlichkeit zu zeigen. Das braucht zwar ein bisschen Übung, aber es wird dich dazu bringen, eine warmherzige und liebevolle Einstellung zu anderen Menschen zu entwickeln und dich dazu bringen, nicht mehr nur an dich selbst, sondern auch an andere zu denken - das bedeutet weniger Überdenken und mehr Glück!

Zusammenfassend lässt sich sagen, dass du deinen Geist darauf trainieren willst, nach Möglichkeiten zu suchen, anderen zu helfen. Natürlich darfst du das nicht auf Kosten deiner eigenen Gesundheit tun. Wenn du dich auf dich selbst und dein eigenes Wohlergehen konzentrieren musst, muss das Priorität haben, aber es ist immer eine gute Idee, darüber nachzudenken, wie du ein Gleichgewicht mit dieser Art von Denkprozess erreichen kannst.

METHODE 19

Ein sozialer Schmetterling werden

Keine Panik. Ich verlange nicht von dir, dass du der charismatischste extrovertierteste Mensch der Welt wirst oder mit jedem befreundet sein musst, um glücklich zu werden. Wenn ich sage, du sollst ein sozialer Schmetterling werden, dann meine ich damit, dass du die Kunst des Sozialen so angehst, wie ein Schmetterling sein Leben lebt. Vorsichtig, leicht und mit Anmut. Lass mich das erklären.

Jeder Mensch befindet sich irgendwo auf der Skala zwischen introvertiert und extrovertiert. Wenn du introvertiert bist, solltest du dich nicht dazu zwingen, die gesprächigste Person zu werden, die du sein kannst, denn damit würdest du vorgeben, jemand zu sein, der du nicht bist, und dich in sozialen Situationen ausbrennen. Lerne stattdessen, wer du bist und welche Situationen für dich am besten geeignet sind.

Nimm dir einen Moment Zeit, um darüber nachzudenken. Bist du introvertiert oder extrovertiert? Bist du lieber in einer großen Gruppe mit vielen Freunden, zwischen denen du hin und her schwankst, oder bevorzugst du eine kleine Gruppe von Freunden, die sich gegenseitig zugetan sind? Was auch immer für dich gut ist, finde es heraus und versuche dann, diese Beziehungen so zu gestalten, wie du sie haben willst und brauchst.

Wenn du so sozial bist, wie es für dich am besten ist, bringt das viele wissenschaftlich erwiesene Vorteile für dein Leben mit sich:

• Geringere Gefühle von Einsamkeit, Isolation, Stress, Angst und Depression

• Verbesserter Zustand der psychischen Gesundheit

• Gesenkter Blutdruck

• Geringeres Risiko für Alzheimer, Diabetes und eine allgemein verbesserte körperliche Gesundheit

• Verbessert deine Lebensqualität

• Fördert das Gefühl der Zielstrebigkeit

• Verbessert dein Selbstvertrauen und dein Selbstwertgefühl

Lass uns darüber reden, wie du in deinen bestehenden Beziehungen besser vernetzt sein kannst.

Arbeite daran, ein besserer Zuhörer zu sein

Die Entwicklung deiner Zuhörfähigkeiten ist eine der wichtigsten Fähigkeiten, die du als Mensch haben kannst, denn sie ermöglicht es dir, richtig mit anderen zu kommunizieren, Einblicke in das zu bekommen, was sie sagen, und Verbindungen zu knüpfen. Viele Menschen gehen durch ihren Alltag, ohne richtig zuzuhören, und verlieren sich stattdessen in ihren eigenen überzogenen Denkmustern.

Wenn du dich mit jemandem unterhältst, nimm dir einen Moment Zeit, um herauszufinden, ob du der Person wirklich zuhörst, und versuche zu bemerken, wenn deine Gedanken abschweifen und du die Konzentration verlierst. Dann atme tief durch und schenke der anderen Person deine volle Aufmerksamkeit. Weitere bewährte Tipps sind:

- Sieh jemandem ins Gesicht und nimm Blickkontakt mit ihm auf.

- Minimiere Ablenkungen, z. B. indem du dein Telefon nicht benutzt, wenn sie sprechen

- Sei unvoreingenommen und urteile nicht

- Dränge niemandem Lösungen auf, sondern höre dir seine Probleme an

- Nicht unterbrechen

- Wiederhole, was jemand sagt, in deinen eigenen Worten, um zu zeigen, dass du zugehört hast

Fragen stellen

Eine der besten Möglichkeiten, wie du eine starke Beziehung zu jemandem aufbauen kannst, ist es, ihm Fragen zu seinen Aussagen zu stellen. Du kannst diese Technik auf verschiedene Arten anwenden. Wenn du zum Beispiel nicht verstehst, was jemand sagt, kannst du ihn oder sie bitten, das Gesagte umzuformulieren. Ein anderes Beispiel wäre, wenn jemand über etwas spricht, das ihn interessiert und das er unbedingt mit dir teilen möchte, aber nicht über sich selbst sprechen will. Wenn du in einer solchen Situation eine Frage stellst, zeigt das, dass du dich für das, was sie/er zu sagen hat, interessierst und ermutigt sie/ihn, weiterzumachen.

Gemeinsam Erinnerungen schaffen

Wenn du Beziehungen zu anderen Menschen aufbaust, möchtest du Erinnerungen schaffen, die euch näher zusammenbringen. Positive Erinnerungen wie ein gemeinsamer Ausflug, ein Kinobesuch, ein Spiel oder einfach nur nette Gespräche und gemeinsames Lachen sind gute Möglichkeiten, dies zu erreichen. Aber anstatt dich darauf zu konzentrieren, dass diese Dinge passieren, solltest du dich darauf konzentrieren, die Gelegenheiten dafür zu schaffen, dass sie passieren.

Das bedeutet, dass du Treffen und Veranstaltungen organisieren und planen musst, damit du und deine Lieben Spaß haben. Hier zahlt es sich aus, dass du dich selbst kennst. Wenn du introvertiert bist, plane intime Treffen. Und wenn du extrovertiert bist, kannst du auch etwas Öffentlicheres machen.

Frei von Urteilen sein

Es ist wichtig, dass du jeder Interaktion mit einem offenen Geist begegnest. Wir alle haben vorgefasste Urteile, die unser Urteilsvermögen trüben, aber diese halten dich nur von anderen Menschen ab. Wenn jemand etwas sagt und du bereits eine feste Meinung zu dem Thema oder der Person hast, wirst du nicht wirklich zuhören, weil du schon denkst, dass du weißt, was derjenige sagt, und deine eigene Meinung durchsetzt.

Entspanne dich und geh einen Schritt zurück. Versuche, jeder Situation aufgeschlossen zu begegnen und den Menschen zuzuhören. Das hilft dir nicht nur, Menschen zu verstehen, sondern ist auch eine wertvolle Fähigkeit, die dir in allen sozialen Situationen zugute kommt, da du mit jedem umgehen kannst.

Verbinde dich mit den richtigen Leuten

Der letzte Punkt, an den du denken solltest: Du musst sicherstellen, dass du deine Zeit mit den richtigen Leuten verbringst und deine Energie nicht an Menschen verschwendest, die dir nicht dienen. Du weißt wahrscheinlich schon, dass ich von toxischen Menschen in deinem Leben spreche, und es gibt einen Punkt im Leben eines jeden von uns, an dem wir toxische Menschen ein bisschen zu lange um uns haben.

Denk daran, dass das nicht bedeutet, dass alle Menschen von Natur aus giftig sind, aber vielleicht machen sie gerade etwas durch und gehen damit nicht auf gesunde Weise um, oder vielleicht hast du keine guten Grenzen zu dieser Person und es ist zu einer unausgewogenen Beziehung geworden, die dir mehr schadet als nützt.

Es ist wichtig, dass du in deinem Leben Entscheidungen darüber triffst, wo und für wen du deine Energie verwendest. Wenn du jemandem viel Aufmerksamkeit schenkst, der nicht im Gleichgewicht ist, und die Beziehung sich nicht richtig anfühlt, dann musst du das untersuchen und eine Entscheidung treffen. Ich sage nicht, dass du Menschen aus deinem Leben streichen sollst. Das ist natürlich eine Möglichkeit, aber es ist wichtiger, dass du dich entweder eine Zeit lang distanzierst, Grenzen setzt, der anderen Person sagst, wie du dich fühlst, oder daran arbeitest, die Probleme anzugehen.

Wenn diese Versuche vergeblich sind, kannst du beschließen, weiterzuziehen und deine Zeit in andere Beziehungen zu investieren, die ausgeglichener und vorteilhafter sind.

METHODE 20

Entwickle dein positives
Selbstgespräch

Da wir bereits darüber gesprochen haben, wie du deine negativen Denkmuster ansprechen und überwinden kannst, ist es nur fair, dass wir uns Zeit nehmen, um zu erkunden, wie du positives Denken in deinem Leben fördern kannst. Wir haben bereits über Verfahren wie CBT gesprochen, die dein Gehirn aktiv auf positives Denken umprogrammieren, indem sie negatives Denken reduzieren. Deshalb stellen wir dir hier weitere Tipps und Strategien vor, die du in deinem Alltag anwenden kannst, um eine positive und produktive Denkweise zu bewahren.

Was sind Selbstgespräche?

Selbstgespräche sind die Bezeichnung für das innere Geplapper, das du in deinem Kopf hast. Das ist die Stimme in deinem Kopf, der Strom deiner Gedanken und deines Bewusstseins. Wenn es dir gelingt, diesen Strom von Selbstgesprächen positiv zu gestalten, wirst du in vielerlei Hinsicht davon profitieren, zum Beispiel:

- Gestärktes Vertrauen

- Höheres Selbstwertgefühl

- Höhere Motivation

- Höhere Produktivität

- Bessere Beziehungen

Wie du dein Selbstgespräch trainierst, um positiver zu werden

Der beste Weg, positiv zu denken, ist, deine negativen Gedanken zu bemerken und sie bewusst umzuformulieren. Hier sind einige Beispiele.

- Negativ: Ich kann meine Meinung nicht ändern, weil mich alle hassen werden.

- Positiv: Ich habe immer die Kontrolle über meine Entscheidungen und habe das Recht, meine Meinung zu ändern.

- Negativ: Ich wurde durch mein Versagen gedemütigt.

- Positiv: Ich bin zufrieden mit mir selbst, dass ich diese Situation überhaupt versucht habe. Es war ein großer Schritt für mich, es überhaupt zu versuchen.

- Negativ: Ich bin nicht in Form und übergewichtig. Es ist wahrscheinlich das Beste, wenn ich gar nicht erst versuche, gesünder zu werden.

- Positivität: Ich bin fähig und stark, und ich will meine Gesundheit verbessern, auch wenn es lange dauert.

Wenn du anfängst, konzentriere dich darauf, deine negativen Gedanken zu erkennen und sie dann in eine positivere Sprache umzuformulieren. Das mag einfach klingen, aber es kann einen großen Unterschied machen, vor allem auf lange Sicht, wenn die negativen Gedankenmuster zur zweiten Natur werden können.

Zusätzlich zu dieser Strategie und den anderen, die in diesem Buch besprochen werden, ist es ratsam, dass du versuchst, dich mit positiven, gleichgesinnten Menschen zu umgeben. Wenn du von Menschen umgeben bist, die sich ständig beschweren und jammern, kann es unglaublich schwer sein, eine positive Einstellung zu behalten.

METHODE 21

Ziele setzen und Ambitionen haben

Das Leben ist eine interessante Reise mit vielen Gelegenheiten und Erfahrungen, die zufällig und aus heiterem Himmel kommen und das Leben völlig verändern. Aber auch wenn es unerwartet kommt, ist es wichtig, Ziele und eine Richtung zu haben, wenn man glücklich und friedlich sein will. Die moderne Forschung hat gezeigt, dass Ziele und Bestrebungen in vielerlei Hinsicht von Vorteil sind:

- Du weißt, wo du in deinem Leben Energie einsetzen kannst

- Schaffe die Möglichkeit, persönliche Zufriedenheit zu empfinden, wenn du deine Ziele erreichst

- Ermöglicht es dir, dich zu konzentrieren, deine Produktivität aufrechtzuerhalten und nimmt dir das Denken aus dem Alltag.

- Gibt dir die Möglichkeit, Grenzen zu setzen und deine Erwartungen zu steuern

- Ermöglicht dir, klare Entscheidungen zu treffen

Im Grunde kannst du durch das Leben wandern, ohne wirklich zu wissen, was du tust, oder du kannst dir eine Richtung geben und verstehen, wie es weitergeht. Stell dir vor, du nimmst ein Projekt bei der

Arbeit in Angriff. Wenn du nicht weißt, was du tust, verschwendest du Zeit damit, herauszufinden, wo du anfangen sollst. So verbrauchst du viel von deiner begrenzten Gehirnkapazität, nur um anzufangen.

Wenn du dein Projekt stattdessen in Ziele und Vorgaben unterteilst, weißt du genau, was du anstrebst und was du tun sollst. Das bedeutet, dass du weniger Zeit damit verbringst, darüber nachzudenken, was du tust, und mehr Zeit zum Arbeiten hast. Das Gleiche gilt für dein Leben.

Was willst du tun? Willst du Online-Inhalte, Streams oder YouTube-Videos machen? Willst du Bücher schreiben? Willst du ein Unternehmen gründen oder dich auf deine Familie konzentrieren? Willst du Urlaub machen, die Welt bereisen oder ein neues Auto kaufen? Hast du einen Traumjob?

Was auch immer du tun willst, es ist immer am besten, sich zu konzentrieren und ein konkretes Ziel vor Augen zu haben. Je klarer deine Ziele sind, desto mehr weißt du, was du anstrebst. Das gibt dir mehr Orientierung und du kannst dich besser darauf konzentrieren, etwas zu erledigen. Je mehr du erledigst, desto zufriedener und glücklicher wirst du sein. Muss ich dir das wirklich erklären? Es ist der Prozess der Verwirklichung deiner Träume.

Lass uns herausfinden, wie du dir Ziele setzen kannst, die funktionieren.

Aufschlüsseln

Wenn dein Ziel groß und beängstigend ist, wirst du es nie erreichen, weil es zu groß und unüberschaubar ist. Du kannst dich nicht einfach hinsetzen und hoffen, dass du ein Buch schreiben kannst. Du musst dein Ziel in überschaubare und erreichbare Schritte unterteilen. Auf diese Weise bist du viel produktiver und motivierter, weil du in kleinen Schritten vorankommst.

Zum Beispiel ist es eine große Aufgabe, eine Dinnerparty zu organisieren. Wenn du sie jedoch in einzelne Schritte unterteilst, wird sie leicht.

• Wähle ein Menü

• Entscheide über die Kleiderordnung

• Erstelle eine Wiedergabeliste

• Getränke holen

• Einladungen verschicken

• Du denkst an Partyspiele

Das alles sind einfache Aufgaben, auf die du deine Energie verwenden kannst, anstatt dich mit dem Mammutkonzept der Organisation einer guten Party zu beschäftigen. Indem du die Dinge Schritt für Schritt zerlegst und dir überschaubare Ziele setzt, kannst du mehr erreichen und wirst dafür belohnt, dass du das, was du dir vorgenommen hast, auch schaffst.

Sei dir über deine Ziele im Klaren

Das Problem bei den meisten Menschen, die sich Ziele setzen, ist, dass sie zu weit gefasst sind, was es viel schwieriger macht, sie zu erreichen. Einfach gesagt: Wenn du nicht weißt, was dein Ziel ist, wie willst du es dann zu Ende bringen? Du magst eine ungefähre Vorstellung davon haben, worum es geht, aber wenn du keine Klarheit hast, wirst du aufgeben und es auf der Strecke lassen.

Nehmen wir das vorherige Beispiel: Ein Buch zu schreiben ist ein großes Ziel, aber es ist nicht sehr klar und präzise. Sich das Ziel zu setzen, jeden Tag eine Seite zu schreiben, ist dagegen ein sehr konkretes, erreichbares und leicht zu verfolgendes Ziel. Je einfacher du dir ein Ziel setzt, desto leichter wird es dir fallen, es zu erreichen.

Erstelle eine messbare Metrik

Der nächste Schritt besteht darin, eine Möglichkeit zu finden, deinen Erfolg zu messen. Das ist eine Kennzahl oder eine Aktion, bei der du denkst: "Ja, ich habe diesen Teil der Aufgabe geschafft".

Die Messgröße hängt davon ab, was du tust und was du erreichen willst. Wenn du ein Buch schreibst, kannst du dir das Ziel setzen, 500 Wörter pro Tag zu schreiben oder zwei Seiten fertig zu lektorieren. Wenn du trainierst, kannst du dir vornehmen, eine Stunde im Fitnessstudio zu verbringen, einen Kilometer in fünf Minuten zu laufen oder eine bestimmte Anzahl von Wiederholungen zu schaffen.

Das geht Hand in Hand damit, dass du deine Ziele klar und präzise formulierst. Du nimmst das Denken aus dem Prozess heraus, denn in 99 % der Fälle ist es das Überdenken, das dich davon abhält, das zu tun, was du tun willst. Anstatt darüber nachzudenken, was du schreibst, wie viel du in deinen Pausen schreibst und so weiter, weißt du einfach, dass du bis zum Ende des Tages X Wörter schreiben musst.

Das war's. Es ist klar. Es ist einfach. Mit diesem Ansatz hast du alles, was du zum Handeln brauchst.

Ziele definieren deine Handlungen

Apropos Aktion: Wenn du dir Ziele setzt, musst du sicherstellen, dass du die richtige Sprache wählst, um die Aktion zu beschreiben, die du durchführen willst. In den Beispielen, die wir besprochen haben, kannst du sehen, dass die Sprache, die ich verwendet habe, sehr handlungsorientiert ist, z. B. eine Seite zu schreiben oder eine bestimmte Anzahl von Wiederholungen zu machen.

Was nicht umsetzbar ist, ist, sich ein Ziel zu setzen, wie z.B. "Ich muss Sport treiben", "Ich muss mich gesund ernähren", "Ich sollte weniger telefonieren" und so weiter. Beschreibe die Handlung und handle dann. Aus "Ich muss trainieren" wird "Ich werde dreimal pro Woche eine Stunde im Fitnessstudio laufen". Ich muss mich gesund ernähren: Ich werde meine Kalorien zählen und wöchentliche Essenspläne erstellen, an die ich mich halten werde. Ich sollte mein Telefon weniger benutzen: Ich werde mein Gerät mit einer Bildschirmzeitüberwachung versehen und mein Telefon nur zwei Stunden lang benutzen, aber nie eine Stunde vor dem Schlafengehen.

Ich wiederhole das, um das Konzept in deinem Kopf zu verankern, damit du es in jedem Bereich deines Lebens anwenden kannst, egal, was du tust. Je klarer und präziser deine Ziele sind, desto einfacher ist es, sie zu erreichen. Je präziser du die Handlung beschreibst, desto leichter fällt es dir, sie zu befolgen.

Mach deine Ziele herausfordernd, aber erreichbar

Eine spannende Überlegung, die du anstellen musst, ist, wie schwierig deine Ziele sind. Ich weiß, was du denkst. Warte mal, du hast gesagt, ich soll meine Ziele einfach und leicht machen. Das stimmt, die Handlung und die Details des Ziels sollten im Kern einfach sein, aber um zufriedenstellend und lohnend zu sein, muss es eine gewisse Herausforderung sein.

Ein Ziel von 200 Wörtern ist zum Beispiel ein überschaubares Ziel, aber wenn du problemlos 1.000 Wörter in einer Stunde schreiben kannst, ist ein Ziel von 200 Wörtern unbefriedigend und keine Herausforderung. Andererseits solltest du dein Ziel auch nicht so hoch stecken, dass es unmöglich ist, z. B. 2.000 Wörter pro Stunde zu schreiben.

Die Wissenschaft hat bewiesen, dass der Sweet Spot für Motivation und Produktivität darin besteht, sich ein Ziel zu setzen, das zwar erreichbar ist, aber nur auf einen Schlag. Du musst herausfinden, was du bequem schaffen kannst, und dir dann ein bisschen mehr vornehmen. Wenn du 10 km pro Stunde laufen kannst, nimm dir vor, dies in 55 Minuten zu tun. Wenn 55 Minuten eine Herausforderung sind, ist es ein herausforderndes, aber erreichbares Ziel, eine Minute auf 59 Minuten zu verkürzen.

Wenn du dich außerhalb deiner Komfortzone bewegst und das

erreichst, was du dir vorgenommen hast, fühlt sich das viel befriedigender an, was dich nur noch mehr motivieren wird!

Setze dir Fristen

Das letzte Element der Zielsetzung ist die Festlegung realistischer Fristen, um deine Ziele zu erreichen. Das bedeutet, dass deine Ziele erreichbar sein müssen, aber mit genügend Druck versehen werden müssen, damit sie eine Herausforderung darstellen. 2.000 Wörter deines neuen Romans zu schreiben, mag ein gutes Ziel sein, aber ein Jahr dafür zu brauchen, ist es nicht.

Genau wie im obigen Abschnitt brauchst du realistische Ziele, die gerade so herausfordernd sind, dass du an die Grenzen deiner Komfortzone stößt, denn nur so kannst du wachsen und zu einer fähigeren, motivierteren und produktiveren Person werden.

Es kann eine Weile dauern, bis du herausfindest, welche Fristen für dich funktionieren. Manchmal sind sie vielleicht zu anspruchsvoll, und manchmal lässt du nach, aber das gehört dazu, wenn du dich und deine Arbeitsweise besser kennenlernen willst.

Zielvorgaben zusammenfassen

Fürs Erste sollte das ausreichen, um dich bei deiner Zielsetzung zu unterstützen. Wenn du das hier Gelernte umsetzt, wirst du feststellen, dass sich deine Fähigkeit, Dinge zu erledigen, deutlich verbessert. Das führt zu mehr Glück, höherer Produktivität und einem allgemein befriedigenderen Leben. Es spielt keine Rolle, was du tust; diese Regeln können angewandt werden.

Wenn du mehr darüber wissen willst, schau dir an, wie du SMART-Ziele setzt und durchziehst. Das ist die sehr beliebte und bewährte Methode zum Setzen von Zielen, die Einzelpersonen, Organisationen und Unternehmen weltweit geholfen hat.

METHODE 22

Konzentriere dich nur auf das, worüber du die Kontrolle hast...

Das ist ein interessantes Thema. Dieses Buch und so ziemlich jedes andere Buch, das ich geschrieben habe und noch schreiben werde, basiert auf wissenschaftlichen Studien und Forschungen, aber wir können nicht über die Ideen von Glück und Frieden sprechen, ohne die eher philosophische Seite der Dinge zu betrachten. Glück lässt sich bis zu einem gewissen Grad auf einer Skala einordnen und du kannst es messen, aber es gibt sicherlich auch Elemente, die nicht beobachtet werden können.

Wie kannst du zum Beispiel messen, wie viel Stress du durch eine Situation hast, die du nicht kontrollieren kannst? Wie kannst du feststellen, wie sehr du eine Situation unter Kontrolle hast? Über wie viel Prozent deines Lebens hast du die Kontrolle? Das sind alles schwierige Fragen mit schwierigen Antworten, aber es ist unglaublich wichtig, über sie zu sprechen, denn deine Perspektive wirkt sich direkt auf dein Glück aus.

Wenn du schon einmal an einer Selbsthilfereise teilgenommen hast, dann hast du sicher schon davon gehört, dass man loslassen muss, was man nicht kontrollieren kann, weil es einen nur unglücklich macht. Auch wenn wir uns gerne kontrolliert fühlen, hast du in Wahrheit nur über einen Teil deines Lebens die Kontrolle, nämlich über die Entscheidungen, die du triffst.

Hier ist ein Beispiel für das, was ich meine, in Form einer Reihe von Ereignissen.

- Du bist in einer Beziehung

- Du fängst an, länger zu arbeiten

- Du und dein/e Partner/in fangt an, euch zu streiten

- Dein Partner betrügt dich eines Nachts

- Du sprichst mit deinem Partner darüber

- Du beschließt, es noch einmal zu versuchen

- Du betrügst am Ende deinen Partner

- Du trennst dich

- Du kommst wieder zusammen

- Du trennst dich wieder

Über welche Phasen dieser Lebenserfahrung hast du die Kontrolle, und über welche nicht? Die Wahrheit ist, dass du die Kontrolle über alles und nichts davon hast. Ja, das macht die Dinge sehr verwirrend, aber es ist so: Du hast immer nur die Kontrolle über die Entscheidungen, die du triffst. Wenn du anfängst, länger zu arbeiten, und dein Partner es hasst, weil er sich einsam fühlt, hast du keine Kontrolle über die Gefühle deines Partners.

Sie könnten sich entscheiden zu gehen, zu bleiben, sich ein Hobby zu suchen oder an ihren Gefühlen zu arbeiten, um die negativen Emotionen zu überwinden. Du kannst mit deinem Partner darüber reden, was er oder sie durchmacht, und ihm oder ihr Vorschläge machen, aber du kannst nicht ändern, was er oder sie fühlt. Wenn sie sich entscheiden, weiterzumachen oder damit umzugehen, ist das ihre Entscheidung, unabhängig davon, was du sagst oder tust.

Du kannst dich aber auch dafür entscheiden, wegzugehen. Du könntest wütend werden, wenn dein Partner erwähnt, dass er sich einsam fühlt, sagen, dass du genug hast, und ihn verlassen. Das ist eine Entscheidung, die du treffen kannst. Das ist ein Konzept, das sich auf jeden einzelnen Bereich deines Lebens auswirkt und das dich unglücklich macht.

Du kannst andere Menschen oder äußere Ereignisse nicht kontrollieren, auch wenn du es noch so sehr willst. Das ist das Paradoxon der Kontrolle. Du wirst nur dann wirklich glücklich sein, wenn du loslassen kannst, was du nicht kontrollieren kannst. Du musst lernen, alles zu akzeptieren, was dir passiert, und dich darauf konzentrieren, das zu kontrollieren, was du kontrollieren kannst, d.h. deine Perspektiven und Entscheidungen.

Die Kunst des Aufgebens

Warum versuchen wir, alles in unserem Leben zu kontrollieren? Wahrscheinlich willst du das gar nicht bewusst tun. Das Problem ist, dass wir Menschen ängstlich und furchtsam sind, was wir in diesem Buch besprochen haben. Die Erkenntnis, dass wir einfach nur kleine Wesen auf einem riesigen Planeten sind, die durch den Weltraum fliegen und deren Erfahrungen und Situationen uns ständig aus allen Richtungen entgegengeschleudert werden, ist ehrlich gesagt erschreckend und kann eine existenzielle Krise auslösen. Wie sollst du in einem solchen Chaos Sinn und Zweck finden?

Wenn du die Dinge nicht unter Kontrolle hast, gerät alles aus den Fugen, und du weißt nicht, was passieren wird. Du entscheidest dich zum Beispiel dafür, die Kontrolle zu behalten, indem du nicht zu einem Date mit jemandem gehst, den du magst, weil du Angst hast, zurückgewiesen zu werden. Du verhinderst, dass du das Risiko einer Verabredung eingehst, weil du so die Kontrolle behältst und nicht durch das Unbekannte verletzt werden kannst. Denk jetzt an all die anderen Bereiche deines Lebens, in denen du dich selbst zurückhältst, wütend wirst und dich aufregst, wenn die Dinge nicht so laufen, wie du es willst, oder in den Händen anderer Menschen liegen, wie z.B. wenn jemand die Beförderung bekommt, auf die du hingearbeitet hast.

Es ist so einfach, sich wegen solcher Entscheidungen verbittert und gestresst zu fühlen, aber es liegt ganz in deiner Macht, die Sache abzuhaken, indem du akzeptierst, dass die Beförderung nicht sein soll, und dich darauf konzentrierst, dich in anderen Bereichen zu verbessern. Wenn du deine Perspektive änderst, wirst du in deinem Leben Frieden und Glück finden.

Wie genau gibst du auf? Wir geben dir ein paar Tipps, die du wissen musst.

Gib nicht anderen die Schuld

Es ist so einfach, frustriert zu sein und anderen die Schuld zu geben, aber wie wir bereits besprochen haben, werden die Menschen immer tun, was sie tun werden, und du hast nur die Kontrolle über deine Perspektive und deine Reaktionen. Mit anderen Worten: Du musst aufhören, anderen die Schuld zu geben, und dich stattdessen auf dich selbst konzentrieren und auf das, was du kontrollieren kannst.

Wenn du dich wegen der schlimmen Dinge, die dir passieren, zum Opfer machst, ist das keine Lösung, sondern verstärkt nur deine negativen Denkmuster, weil du dich dadurch außer Kontrolle fühlst. Du fühlst dich nutzlos und unfähig und wartest darauf, dass jemand anderes in dein Leben tritt, um deine Probleme zu lösen, was langfristig keine gute Lösung ist.

Im Grunde liegt es an dir, für das Glück und den Frieden in deinem Leben verantwortlich zu sein. Wenn du die Verantwortung übernimmst und anfängst, die Dinge selbst in die Hand zu nehmen, kannst du das Leben leben, das du dir wünschst, und hast die volle Kontrolle über die Dinge, die du kontrollieren kannst. Die Handlungen anderer haben damit nichts zu tun. Der Umgang mit Menschen ist nur ein weiterer unverzichtbarer, unvermeidbarer Teil des Lebens.

Entscheide dich, loszulassen

Das ist leichter gesagt als getan, aber die bewusste Entscheidung, etwas loszulassen, kann so viel für deinen Geisteszustand und deine Wahrnehmung bewirken. Es ist inspirierend, aufzustehen und zu sagen, dass du etwas tun wirst, aber es ist die pure Kraft, es auch zu tun. Ob du eine neue Gewohnheit beginnst, eine alte loslässt, eine neue Lebensweise annimmst oder jemanden, der dir nahe steht, gehen lässt –

hier geht es darum, Altes loszulassen und etwas Neues zu beginnen.

Wenn du etwas in deinem Leben verändern willst, wirst du eine Übergangsphase durchlaufen, in der du etwas loslassen und etwas Neues beginnen musst. Wenn du willst, dass es funktioniert, musst du es ernst nehmen. Wenn du zum Beispiel mit dem Rauchen aufhörst, gibst du deine schlechten Gewohnheiten auf und nimmst eine neue an.

Wenn du dich entschieden hast, was du ändern willst, schreibe es auf, zum Beispiel: "Ich bin kein Raucher mehr. Ich habe beschlossen, mit dem Rauchen aufzuhören. Ich weiß, dass Rauchen schlecht für meine Gesundheit ist und dass ich ohne Rauchen glücklicher, gesünder und besser dran sein werde." Wenn du deinen Entschluss schriftlich festhältst, ist es wahrscheinlicher, dass du ihn auch in die Tat umsetzt, denn so wird er real und greifbar.

Hänge den Zettel an einem Ort auf, an dem du ihn jeden Tag siehst, und motiviere dich mit der Botschaft, dass du die Vergangenheit loslassen und in eine neue und bessere Zukunft gehen wirst. Das ist es, was es wirklich bedeutet, als Individuum zu wachsen.

Glaube an den Prozess

Wahrscheinlich hast du schon einmal von einem Satz wie diesem gehört oder von etwas wie "Vertraue dem Weg". Es besteht kein Zweifel, dass dieses Konzept wahr ist. Es ist ganz normal, dass man Angst vor dem hat, was auf einen zukommt. Es ist dieses innere Gefühl, das uns sagt, dass wir keine Kontrolle über das haben, was passieren wird, und wegen dieser Ungewissheit bekommen wir Angst. Denn was ist, wenn es schlecht ist? Das ist der Grund, warum so viele Menschen in einem Trott stecken bleiben oder sich selbst davon abhalten, ihre Träume zu verfolgen. Das potenzielle Risiko des Scheiterns ist zu lähmend.

Nimm dir stattdessen einen Moment Zeit, um über die schlimmen Dinge nachzudenken, die in deinem Leben passiert sind, vor allem über die, auf die du keinen Einfluss hattest, und mach dir klar, dass du hier bist, es auf die andere Seite geschafft hast und alles in Ordnung ist. Du hast es geschafft. Du hast es geschafft. Auch wenn du jetzt schwere Zeiten durchmachst, du hast es schon einmal geschafft, du wirst es wieder schaffen und diese schlechten Zeiten werden nicht ewig dauern.

Wenn du schwere Zeiten durchmachst, lernst du, die Dinge zu schätzen, die du hast, und dankbar für die Dinge zu sein, die dich glücklich machen. Ich kannte einen Freund, bei dem Krebs diagnostiziert wurde. Obwohl er unheilbar krank war, sagte er mir etwa einen Monat vor seinem Tod, dass es zwar eine schreckliche Erfahrung war und er sie niemandem wünschen würde, dass sie aber auf eine surreale Art und Weise erstaunlich war, weil sie ihm gezeigt hat, was im Leben wirklich wichtig ist. Er erzählte mir, dass Karrieren, Autos, große Fernseher und schicke Urlaube für ihn keine Rolle spielten. Mit seiner Frau, seinen Freunden und seiner Familie um sich herum entdeckte er, dass die Verbindungen, die er mit diesen Menschen hatte, die schönsten Dinge waren.

Vertraue auf deinen Weg, denn er wird dich alles lehren, was du wissen musst. So sehr es sich auch anfühlen mag, du bist mit deinen Erfahrungen nicht allein, und du kannst darauf wetten, dass mindestens eine andere Person etwas Ähnliches durchgemacht hat. Sie haben es überlebt. Das wirst du auch, und in den meisten Fällen wirst du besser dran sein.

In diesem Sinne lass uns von der Erkenntnis wegkommen, dass es Dinge im Leben gibt, die du nicht kontrollieren kannst, und uns den Bereichen zuwenden, in denen du in deinem täglichen Leben Frieden finden kannst. Deinen Frieden zu finden ist ein Prozess, vor allem weil du konditionierte Gedanken und Gefühle über die Welt und die Menschen hast. Anstatt dich unter Druck zu setzen, die Welt zu verurteilen oder zu versuchen, alles zu kontrollieren, geht es im nächsten Kapitel darum, Frieden zu finden, den Raum, in dem du Glück und Zufriedenheit in der Welt findest.

METHODE 23

...& Frieden mit allem anderen finden

Ein wahres Gleichgewicht zu finden - wäre das nicht ein Traum? Bei so viel Stress, Angst und anderen Problemen, die im modernen Leben vorherrschen, fragst du dich wahrscheinlich, ob es möglich ist, Frieden zu finden. Vielleicht hast du die Vorstellung, dass nur jemand wie ein erleuchteter Buddha wirklichen Frieden finden kann. Auch wenn das in gewisser Weise stimmen mag, so gibt es doch Möglichkeiten, wie du Frieden in dein Leben bringen kannst, und das hängt mit dem zusammen, was wir im letzten Kapitel darüber gesagt haben, wie du Frieden mit dem findest, was du kontrollieren kannst und was nicht.

Wir haben schon so viele Dinge besprochen, die du umsetzen kannst, um Frieden in deinem Leben zu finden, vor allem, wenn es darum geht, deinen überdrehten Verstand zu beruhigen. Aber um die Sache gut abzuschließen, bevor wir uns auf weitere umsetzbare Punkte stürzen, gehen wir kurz auf einige der wirkungsvollsten Möglichkeiten ein, wie du in deinem Alltag Frieden finden kannst.

Grenzen setzen

Wenn du dir nicht in allen Bereichen deines Lebens selbst Grenzen setzt, wirst du immer zwischen verschiedenen Optionen hin- und hergerissen sein und dein Leben wird chaotisch sein. Das kann bedeuten, dass du dir selbst Grenzen setzt, wenn es darum geht, wie viel du isst oder wie viel Geld du ausgibst (d.h. wie du dein Budget verwaltest). Es kann auch bedeuten, dass du dir Grenzen setzt, wie viel Zeit du mit bestimmten Menschen verbringst oder wie viel Zeit du in den sozialen Medien verbringst.

Wenn du keine Zeit hast, etwas zu tun, dann sag einfach nein. Wenn du aus irgendeinem Grund etwas Zeit für dich brauchst, weißt du, dass dies eine Priorität ist, die du dir nehmen solltest. Wenn du dir keine Grenzen setzt, wirst du gestresst sein und dein Leben wird sich chaotisch anfühlen.

Verlangsame dein Leben

Wir leben in einer schnelllebigen Welt. Du postest ein Foto und bekommst Likes. Du bestellst ein neues Produkt, und es wird am nächsten Tag geliefert. Du schreibst jemandem eine SMS, und er antwortet sofort. Alles passiert, und zwar jetzt, und es ist kein Wunder, dass wir uns gestresst fühlen. Aber selbst wenn dir dein Chef wegen der bevorstehenden Deadline im Nacken sitzt, kannst du absolute Ruhe und Gelassenheit finden, wenn du alles verlangsamst.

Der stressige, schnelllebige Alltag zwingt dich dazu, dich zu beeilen und die Dinge schneller zu erledigen, damit du zum nächsten Thema übergehen kannst. Aber genau hier solltest du langsamer werden. Ich meine das wörtlich. Verlangsame dich und erledige bestimmte Aufgaben in deinem Leben langsamer und mit Bedacht. Anstatt alles so schnell wie möglich zu erledigen, solltest du dir einen Moment Zeit nehmen, um innezuhalten und das, was du tust, zu genießen.

Dies ist eine dieser Empfehlungen mit sofortigem Ergebnis. Beginne damit, deine Atmung zu verlangsamen. Anstatt dich durch diese Worte zu hetzen, nimm dir einen Moment Zeit, um die Sprache und die Tatsache, dass du sie lesen und verstehen kannst, wirklich zu schätzen. Schau aus dem Fenster oder durch den Raum und konzentriere dich auf all die Details, die du vielleicht gar nicht bemerkst.

Nimm Farben und Schattenbereiche wahr. Nimm die Luft und die Geräusche um dich herum wahr. Nimm dir einen Moment Zeit, um das alles in dich aufzunehmen. Anstatt aufzuspringen oder immer wieder nach deinem Handy zu greifen und zu scrollen, solltest du es sanft in die Hand nehmen und beim Scrollen innehalten, um dir die Beiträge anzusehen und aufzusaugen, worum es darin geht. Das mag dir zunächst albern vorkommen, aber es ist so viel friedlicher und eine großartige Möglichkeit, dein Leben und alles darin wirklich zu schätzen. Es ist die wörtliche Definition von "innehalten, um an den Blumen zu riechen". Halte inne und nimm die Details der Welt wahr, egal wie klein sie sind oder auf welcher Art von Reise du dich befindest.

Gönn dir eine Auszeit

Wenn du immer auf dem Sprung bist und dir nie eine Verschnaufpause gönnst oder Zeit für dich hast, wirst du dich chaotisch, verrückt und gestresst fühlen. Was du brauchst, ist eine Auszeit für dich, in der du Dinge tust, die dir Spaß machen. Egal, ob du ein Buch liest, ein Instrument spielst, deine Lieblingsserie anschaust, spazieren gehst oder dich in deinem Garten aufhältst - nimm dir Zeit, um dich zu entspannen und dich vom Stress deines Alltags zu erholen.

Du kannst nicht die ganze Zeit in deinem Leben auf Achse sein. Du musst dich entspannen und eine Pause einlegen, um deine Batterien aufzuladen und dich um deine geistige Gesundheit zu kümmern. Du kannst auch nicht die ganze Zeit im roten Bereich fahren, weil du sonst den Motor kaputt machst. Die kraftstoffsparendste Art, dein Auto zu pflegen und seine Lebensdauer zu verlängern, ist, langsam und gleichmäßig zu fahren, und das bedeutet, Pausen zu machen.

Im Idealfall findest du Zeit für dich. Vielleicht magst du die sozialen Medien oder rufst einen Freund an, und das tust du auch von Zeit zu Zeit. Aber du musst lernen, dich daran zu gewöhnen, allein zu sein und Zeit mit dir selbst zu verbringen. Das hilft dir, dich neu zu orientieren und produktiver zu werden und dich mit anderen Aspekten deines Lebens zu beschäftigen.

Einen Schritt nach dem anderen machen

Manche Menschen sind stolz auf ihre Multitasking-Fähigkeit, und obwohl es eine Zeit und einen Ort für Multitasking gibt, ist es nicht die beste Art, Dinge zu tun. Denk an Zeiten in deinem Leben, in denen du viel zu tun hast und eine Million Dinge auf deiner To-Do-Liste stehen. Du musst Anrufe tätigen, E-Mails beantworten, deine Kinder zur Schule bringen, Fristen einhalten, Lebensmittel einkaufen, kochen, Kurse besuchen und vieles mehr.

Wenn du versuchst, all diese Dinge zu tun, fühlt sich dein Verstand überfordert und überlastet. Das ist die Ursache für Stress. Um das zu verhindern und zur Ruhe zu kommen, musst du die Dinge verlangsamen und einen Schritt nach dem anderen machen. Ich sage nicht, dass du nicht über etwas nachdenken sollst, wenn du etwas anderes tust, aber sei dabei ausgeglichen.

Wenn du Lebensmittel einkaufst, konzentriere dich auf das, was du tust, und auf die Umgebung, in der du dich befindest. Ein fantastischer Ratschlag ist, immer daran zu denken, dass es ein Morgen gibt. Natürlich musst du in deinem Leben Prioritäten setzen. Du kannst deine Kinder nicht morgen von der Schule abholen, wenn es heute erledigt werden muss, aber gewöhne dir an, deine Zeit einzuteilen und die wichtigen Dinge aufzuteilen. Es hat keinen Sinn, sich über die Prüfung zu sorgen, die du nächste Woche schreibst, wenn du jetzt nichts unternimmst. Das ist es, was es bedeutet, die Kontrolle über das zu übernehmen, was du kontrollieren kannst.

Das ist eine Regel, nach der ich mein Leben gerne lebe. Wenn du jetzt nichts tun kannst oder willst, ist es nicht wert, darüber nachzudenken. Nehmen wir an, ich muss noch etwas schreiben. Ich werde mir keine Gedanken darüber machen, bis ich mich hinsetze und schreibe. Das heißt nicht, dass ich in der Zwischenzeit keine Ideen habe, und natürlich werde ich sie aufschreiben, wenn sie mir einfallen, aber für den Großteil der Aufgabe werde ich meine Zeit und Energie auf den richtigen Zeitpunkt verwenden.

Fürs Erste sollte das genug Stoff zum Nachdenken sein, wenn es darum geht, Frieden in deinem Leben zu finden. Wenn du alles kombinierst, was du im vorherigen Kapitel gelernt hast, solltest du in der Lage sein, alles loszulassen, was du nicht kontrollieren kannst, und das zu ergreifen, was du kannst. Es ist eine Frage der Perspektive, und schon das Lesen dieses Kapitels sollte ausreichen, um dich zum Nachdenken über dein tägliches Leben zu bringen. Vielleicht ist es schon so weit, dass dir eine Lektion aus diesem Buch in den Sinn gekommen ist und dir geholfen hat, das Leben auf eine andere, hoffentlich positivere und geerdete Weise zu betrachten.

Es gibt eine unglaublich wirksame Methode, mit der du dein Denken ändern kannst, um echte Freude, Frieden, Glück und Zufriedenheit in dein Leben zu bringen, indem du dir einen Moment Zeit nimmst, um dein Leben neu zu denken.

METHODE 24

Die Freude an der Dankbarkeit entdecken

Wenn du mit jemandem sprichst, der sein Leben in irgendeiner Weise verändert hat, wirst du die gleiche Geschichte hören. Auch wenn die Details unterschiedlich sind, werden sie sich irgendwann für etwas oder jemanden in ihrem Leben bedanken, der ihnen geholfen hat, so weit zu kommen. Das tun alle, wenn sie Auszeichnungen entgegennehmen und sich bei den Menschen bedanken, die ihnen geholfen haben, ihr Ziel zu erreichen. Das ist ein Akt der Anerkennung und der Dankbarkeit.

Du hast wahrscheinlich schon von Dankbarkeit gehört, und nein, damit ist nicht nur das Trinkgeld gemeint, das du deinem Kellner gibst. Dankbarkeit ist eine Praxis, die du in dein tägliches Leben einbauen kannst, indem du aktiv darauf achtest, wer und was um dich herum ist, und dankbar dafür bist, dass es oder sie in deinem Leben sind. Wie Ferris Bullier in dem erfolgreichen Teenagerfilm Ferris Bueller's Day Off sagt:

"Das Leben bewegt sich ziemlich schnell. Wenn du nicht ab und zu innehältst und dich umsiehst, könntest du es verpassen."

Das ist kein Angriff, aber viele von uns gehen durchs Leben, ohne zu schätzen, was wir haben. In vielerlei Hinsicht ist das nicht einmal unsere

Schuld, denn wir leben in einer Welt, in der wir darauf konditioniert sind, immer hinter etwas herzujagen. Uns wird gesagt, dass wir erst dann glücklich sind, wenn wir das neue Handy, das neue Auto, den besonderen Urlaub oder die modische Kleidung haben. Man sagt uns, wir müssten dies tun oder dies kaufen, und am Ende sehnen wir uns nach allem, was wir nicht haben, anstatt dankbar und glücklich mit dem zu sein, was wir haben.

Das ist die Grundlage für das Üben von Dankbarkeit. Es geht darum, sich einen Moment Zeit zu nehmen, um mit dem zufrieden zu sein, was du hast, anstatt sich nach mehr zu sehnen. Sicher, es ist leicht, sich mit anderen Menschen zu vergleichen. In einem Moment vergleichst du dich vielleicht mit Prominenten und wünschst dir, du hättest Zugang zu all den tollen Dingen, die sie haben, aber dann kannst du dich mit Menschen vergleichen, die in der Dritten Welt in Armut leben, um zu erkennen, dass du es gar nicht so schlecht hast.

Diese Art des Denkens kann zwar aufschlussreich sein, aber es ist viel vorteilhafter, sich nicht mit anderen Menschen zu vergleichen, sondern sich auf sich selbst zu konzentrieren und darauf, wie man sich selbst fühlt. Wenn ich mich auf mich selbst konzentriere und mir die Zeit nehme, dankbar für das zu sein, was ich habe und was ich erlebe, anstatt mich ständig mit anderen zu vergleichen, werde ich langsam immer glücklicher. Ich freute mich über die kleinen Dinge und bemerkte, dass mein Verlangen nach neuen Dingen langsam nachließ.

Es hat eine Weile gedauert, und selbst jetzt weiß ich, dass meine Gewohnheiten nicht perfekt sind. Ständig bin ich auf Instagram oder Facebook und sehe ein neues Handy oder irgendein Gerät, das nicht viel kann, das ich aber unbedingt haben will. Ich schaue auf mein altes Handy und denke: "Mann, ich wünschte, ich hätte das neue mit der besseren Kamera, damit ich schöne Fotos machen kann." Zum Glück kann ich mich dank meiner Gewohnheiten und Praktiken selbst auf frischer Tat ertappen und mich daran erinnern, dass ich diese Dinge nicht wirklich brauche. Klar, wenn ich ein neues Handy brauche und ein schönes haben will, heißt das nicht, dass ich es mir verweigern werde. Es bedeutet nur, dass ich diese Entscheidung mit Bedacht und Achtsamkeit treffe, anstatt mich eifersüchtig oder bedürftig zu fühlen und es deshalb zu bekommen.

Trotzdem habe ich durch Versuch und Irrtum, viel Forschung und viele Expertenmeinungen im Laufe der Jahre meine eigenen Praktiken und Denkweisen entwickelt, die mir helfen, dankbar zu bleiben. Bevor wir uns den Praktiken zuwenden, hier ein kurzer Überblick über die wissenschaftlichen Vorteile, die Dankbarkeit in deinem Leben bringen kann.

Die Vorteile einer dankbaren Haltung

Die Vorteile der Dankbarkeit wurden in den letzten Jahrzehnten unendlich oft untersucht und erforscht, und die Ergebnisse waren immer gleich und enthielten die gleiche oder zumindest eine ähnliche Botschaft. Dankbarkeit ist sehr gut für dich und kann Wunder für deine geistige und körperliche Gesundheit bewirken.

Eine Studie aus dem Jahr 2004 und eine aus dem Jahr 2017 haben zum Beispiel ergeben, dass Dankbarkeit nicht nur dein allgemeines Wohlbefinden und Glücksgefühl steigert, sondern auch Wunder für dein Immunsystem bewirken und dir aktiv bei der Bekämpfung von Krankheiten und Beschwerden helfen kann. Die Studie aus dem Jahr

2017 hat insbesondere gezeigt, dass Dankbarkeit das Risiko von Herzversagen aktiv verringern kann.

Dankbarkeitsübungen können deine psychische Gesundheit verbessern. Eine Studie aus dem Jahr 2003 ergab, dass Dankbarkeit die allgemeine Stimmung verbessern kann, während eine Studie aus dem Jahr 2020 ergab, dass regelmäßige Dankbarkeit die Symptome von Angst und Depression reduziert. Diese Vorteile wirken sich auf jeden Aspekt deines Lebens aus, vor allem aber auf deine Beziehungen. Eine Studie hat gezeigt, dass die Dankbarkeit eines Partners für etwas, das er gesagt oder getan hat, die Zufriedenheit in der Beziehung und das allgemeine Glücksgefühl in weniger als 24 Stunden verbessern kann.

Natürlich haben sie alle einen Hauptvorteil gemeinsam, und das ist der Kern dieses Teils des Buches. Dankbar zu sein und Dankbarkeit zu praktizieren, macht dich glücklich. Selbst wenn du nicht der optimistischste Mensch der Welt bist, hilft dir Dankbarkeit nachweislich dabei, eine optimistische Perspektive zu entwickeln und die Vorteile dieser Einstellung zu nutzen.

Wie du Dankbarkeit in dein Leben bringst

Wie kannst du in deinem eigenen Leben Dankbarkeit üben? Es ist leicht, an alles dankbare zu denken. Wenn du das hier liest, könntest du leicht denken: Oh ja, ich bin dankbar für mein Haus, mein Auto und meine Familie. Aber wenn du jemanden siehst, der sich ein neues Auto kauft und du dich danach sehnst, und du aktiv traurig bist, dass du es nicht hast, dann solltest du deine Dankbarkeitsübungen in Gang setzen.

Wie alles andere, was wir in diesem Buch besprochen haben, wirst du diese Vorteile erfahren, wenn du Dankbarkeit zu einem regelmäßigen, gewohnheitsmäßigen Teil deines Lebens machst. Das bedeutet, dass du sie jeden Tag übst, bis du nicht mehr daran denken musst, dankbar zu sein, sondern es ganz natürlich geschieht. Es sind die Handlungen, die dich zum nächsten Punkt bringen können.

Sei dankbar für alles

Es ist leicht, sich anzugewöhnen, nur für die großen Dinge im Leben dankbar zu sein. Das kann die Anwesenheit eines Menschen sein, eine Woche Urlaub, ein Dach über dem Kopf, ein Lottogewinn oder ein Fest wie eine Hochzeit oder ein Geburtstag. In solchen Momenten ist es leicht, Dankbarkeit zu üben, denn jeder fühlt sie.

Um davon zu profitieren, solltest du anfangen, für alles dankbar zu sein, wofür du dankbar sein kannst. Das bedeutet, dass du den Dingen, die in deinem Leben passieren, und deinen alltäglichen Erfahrungen Aufmerksamkeit schenkst und für sie dankbar bist. Das kann etwas so Einfaches sein wie die Freude über den Sonnenschein oder die Stille, die ein Regentag mit sich bringen kann.

Vielleicht hast du eine SMS oder einen Brief von jemandem erhalten, der dir am Herzen liegt, oder du hattest einfach einen schönen Tag im Allgemeinen. Vielleicht war der Tag auch nur durchschnittlich, aber es ist nichts Schlimmes passiert, wofür du dankbar sein kannst. Es ist wirklich egal, was passiert oder was du gerade durchmachst; mach es dir zur Gewohnheit, dich daran zu erinnern, dankbar zu sein. Selbst auf dem Weg zu meinem Morgenkaffee begegnete ich heute Morgen einem Hund, der an mir hochsprang und mich freundlich abschleckte. Ich war so dankbar für diese glückliche Erfahrung und verbrachte den Rest des Tages mit einem Lächeln im Gesicht.

Sei dankbar für die schweren Zeiten

Wie wir bereits besprochen haben, ist es leicht, in guten Zeiten dankbar zu sein, aber man vergisst es leicht in schweren Zeiten. Wenn du in deinem Leben wirklich dankbar und glücklich sein willst, musst du lernen, für die Schwierigkeiten, Hindernisse und Herausforderungen dankbar zu sein, die dir im Alltag begegnen. Herausforderungen sind wichtig, denn aus ihnen lernst du viel und sie geben dir die Möglichkeit, die beste Version von dir zu werden und zu wachsen.

Ohne diese Herausforderungen würdest du stagnieren und immer derselbe Mensch sein. Du würdest dich nie weiterentwickeln, und wenn eine Schwierigkeit auftaucht, wirst du es schwer haben, weil du nicht weißt, wie du mit ihr umgehen sollst, weil du die Lektion nicht gelernt hast.

Auch wenn du gerade nichts durchmachst, nimm dir einen Moment Zeit, um über all die harten Zeiten und Schwierigkeiten nachzudenken, die du in deinem Leben durchgemacht hast, und darüber, wie viele Lektionen du auf deinem Weg gelernt hast und wie diese Erfahrungen dich zu dem Menschen gemacht haben, der du heute bist. Vielleicht hegst du Bitterkeit oder Groll über die Dinge, die du erlebt hast, aber wenn du lernst, dafür dankbar zu sein, kannst du loslassen und sie hinter dir lassen.

Führe ein Tagebuch der Dankbarkeit

Ja, wir sind zurück mit einem weiteren Eintrag, der dich auffordert, ein Tagebuch über dein Leben zu führen. Du solltest aber schon wissen, dass das Schreiben über dein Leben dir hilft zu verstehen, wie wichtig es für dich ist. Indem du deine Gedanken aufschreibst, werden sie von bloßen Gedanken zu einem realen Medium und einem greifbaren Objekt, und die gleichen Vorteile gelten auch für die Dankbarkeit.

Nimm dir etwas Zeit, um all die Dinge aufzuschreiben, für die du im Laufe deines Tages dankbar bist. Du kannst dies am Ende des Tages tun oder wenn die Dinge, für die du dankbar bist, geschehen. Es spielt keine Rolle, wichtig ist nur, dass du es tust. Das Aufschreiben hilft dir nicht nur, deine Dankbarkeit zu festigen, sondern auch, deine Fähigkeiten zu entwickeln, mehr Dinge zu entdecken, für die du dankbar sein kannst.

Weil du nach Dingen Ausschau hältst, die du aufschreiben kannst, wirst du viel mehr auf die kleinen Dinge achten, die dich glücklich machen und die du sonst übersehen hättest.

Teile deine Dankbarkeit mit anderen

Eines meiner Lieblingszitate aus dem beliebten Film Into the Wild stammt von der Hauptfigur Chris, der sein bequemes, modernes Leben verlässt, um in der Wildnis von der Natur zu leben. Seine letzten Worte, die er in sein Tagebuch kritzelt, nachdem er giftige Beeren gegessen hat, lauten jedoch: "Glück ist nur echt, wenn man es teilt." Dieses Zitat ist mir im Gedächtnis geblieben, seit ich den Film, der auf dem wahren

Leben basiert, zum ersten Mal gesehen habe.

Wenn es um Glück geht, holst du das meiste aus deinen Gefühlen heraus, wenn du sie mit anderen Menschen teilst. Wenn du auf ein Konzert gehst, um eine Band zu sehen, und die Atmosphäre einfach nur euphorisch ist, ist das ein tolles Erlebnis. In solchen Momenten erleben die Menschen einige der besten und unvergesslichsten Augenblicke ihres Lebens.

Weil du in einer Situation bist, in der du dieselben Erfahrungen mit Menschen teilst, auch wenn sie dir fremd sind, und ihr alle dankbar seid, in einer so tollen Umgebung zu sein, wird die Atmosphäre elektrisch. Diese Logik kannst du auch in deinem Alltag anwenden.

Wenn du deine Erfahrungen und deine Dankbarkeit mit anderen teilst, wirst du sehen, dass sie ansteckend ist. Stell dir zum Beispiel vor, du bist mit Freunden beim Zelten und wachst früh auf, um den schönsten Sonnenaufgang zu erleben. Wenn du rufst, wie schön und fantastisch der Sonnenaufgang ist, und alle anderen dir zustimmen, teilst du deine Dankbarkeit für diesen Moment und alle anderen spüren sie auch. Dieser Cocktail aus Verbundenheit und Dankbarkeit kann die Quelle von so viel Glück sein.

Auf solche Momente brauchst du nicht zu warten. Auch wenn du bei der Arbeit bist und eine gute Woche hast, kann es eine Quelle des Glücks sein, wenn du deine Dankbarkeit dafür ausdrückst, dass du Teil eines tollen Teams bist, oder wenn du mit jemandem in der Pause zu Mittag isst.

Um es zusammenzufassen: Beobachte, was in deinem Leben vor sich geht. Das mag sich im Moment viel anfühlen, aber wenn du die Dinge, die du in diesem Buch gelernt hast, befolgst und umsetzt, sollte sich dein Geist ruhiger anfühlen. Da du weniger überlegst und dich nicht mehr mit Gedanken und Gefühlen beschäftigst, kannst du den entstandenen Raum in deinen Gedanken nutzen, um dich auf Dankbarkeit und Glück zu konzentrieren.

Denke daran, dass das Erlernen und Umsetzen all dieser Tipps und Strategien Zeit braucht, also lerne, geduldig mit dir selbst zu sein und beobachte, wie die Vorteile wachsen.

METHODE 25

Der einfache Akt, deinen Tag einzurichten

Das ist vielleicht ein interessanter Kapiteltitel, aber es ist eine wesentliche Praxis, die mein Leben buchstäblich verändert hat. Ich verbrachte meine Tage damit, nach dem Aufwachen zu überlegen, was ich tun wollte und was der Tag bringen sollte. Wie wir bereits besprochen haben, verursachte diese unorganisierte und chaotische Art, mein Leben zu leben, eine Menge Stress und Angst, was zu noch mehr Überdenken führte.

Dann habe ich etwas über Morgenroutinen gelernt. Die Art und Weise, wie du deinen Morgen verbringst, ist so wichtig, weil sie dich buchstäblich auf den Rest deines Tages vorbereitet. Wenn du schlecht in den Tag startest, also auf der falschen Seite des Bettes aufwachst, kann auch der Rest des Tages ruiniert sein oder es kann dich viel Energie kosten, die Dinge zu ändern.

Wenn du dir hingegen die Zeit nimmst, deinen Morgen so zu gestalten, dass er dir dient, kannst du dich auf einen produktiven, zufriedenstellenden und friedlichen Tag einstellen. Vor Jahren bin ich immer zwanzig Minuten vor der Arbeit aufgewacht. Ich habe nicht gefrühstückt und den größten Teil des Tages hungrig verbracht. Ich war müde, gestresst und abgelenkt, und die Tage vergingen wie im Flug, so dass ich mich erschöpft und unzufrieden mit mir selbst fühlte.

Aber die Änderung meiner morgendlichen Routine, die Schaffung gesunder Gewohnheiten und die Festschreibung dieser Gewohnheiten gaben mir Produktivität und Sinn. Es gab mir Struktur und Sinn. So musste ich morgens nicht immer nachdenken. Ich wusste genau, was ich zu tun hatte und wann ich es zu tun hatte, also gab es keinen Stress. So konnte ich meine Energie auf die Herausforderungen des Tages konzentrieren, egal ob es sich um Arbeit, kreative Arbeit oder andere Aufgaben handelte.

Natürlich sind die Vorteile einer morgendlichen Routine gut erforscht und ausführlich dokumentiert. Es gibt Studien, die belegen, dass eine Morgenroutine die folgenden Vorteile hat:

• Erhöhte Produktivität

• Geringeres Stressniveau

• Verbesserte Speichermöglichkeiten

• Bessere, besser vernetzte Beziehungen

• Höheres Energieniveau

• Die Fähigkeit, gesündere Gewohnheiten zu schaffen

• Verbesserte Stimmung und allgemeine Glücksgefühle

• Mehr Gefühl der Kontrolle über dein Leben

Lass uns einige der besten Möglichkeiten kennenlernen, wie du eine

Morgenroutine in dein Leben einführen kannst.

Wie du dich auf einen tollen Tag vorbereitest

Lass uns den Prozess durchgehen. Dieses Verfahren habe ich im Laufe der Jahre entwickelt, optimiert und verändert, aber es ist das, was für mich funktioniert. Du kannst meinen Ansatz genau übernehmen oder ihn nach deinen eigenen Vorstellungen abwandeln. Vergiss nicht: Es geht darum, herauszufinden, was für dich funktioniert.

Ich stehe schön früh auf und stelle meinen Wecker normalerweise auf 6 Uhr. Manche Leute fangen um 7 Uhr an, andere schon um fünf. Das hängt von deinen persönlichen Vorlieben ab. Sechs ist für mich ein guter Mittelweg. Frühes Aufstehen ist toll, denn so hast du mehr Zeit, um alles zu erledigen. Wenn du spät aufstehst und dich abhetzen musst, weil du zur Arbeit musst und nicht genug Zeit hast, ist alles stressig. Wenn du früh aufstehst, kannst du die Dinge viel gemächlicher und ruhiger angehen und dich auf den Tag einlassen und Fuß fassen.

Mach dein Bett

Dein Bett zu machen ist eines der ersten Dinge, die du nach dem Aufwachen tust, und das aus vielen Gründen. Es ist eine einfache Handlung, aber noch bevor du dein Schlafzimmer verlässt, hast du bereits eine Aufgabe erfüllt. In deinem Kopf hast du dich bereits auf einen schönen Tag eingestellt, an dem dein Schlafzimmer hübsch und aufgeräumt aussieht; deshalb ist dein Kopf aufgeräumt und du hast dich in einen Zustand versetzt, in dem du Dinge erledigen kannst.

Schau, nimm es nicht von mir. Sei dein eigener Beweis. Wenn du morgen früh aufwachst, mach dein Bett. Es dauert weniger als zwei Minuten und du wirst sehen, wie positiv sich das auf dein Leben auswirken wird.

Entwickle eine Standardroutine

Nachdem du dein Bett gemacht hast, ist es an der Zeit, zu den nächsten Aspekten deiner Morgenroutine überzugehen, und diese kann so aussehen, wie du es möchtest. Aber egal, wofür du dich entscheidest, du musst darauf achten, dass du etwas wählst, das dir gut tut. Ich habe unter anderem versucht, Yoga zu machen, zu lesen, einen Morgenkaffee zu trinken, während ich die Nachrichten lese, zu meditieren, Tagebuch zu schreiben und zu joggen.

Was möchtest du tun? Willst du eine Sprache lernen? Vielleicht stehst du auf, gießt dir einen Kaffee ein und beginnst mit deiner Duolingo-Sitzung. Wenn du gesund werden willst, gehe laufen oder zumindest spazieren, bevor du etwas anderes tust. Wenn du dich besser organisieren willst, schreibe eine To-Do-Liste oder räume dein Zuhause auf und bringe alles in Ordnung.

Es ist immer am besten, mit den Dingen zu beginnen, die du tun musst, wie Zähneputzen, Duschen und Gesicht waschen. Dann fügst du die Extras hinzu, die du erledigen möchtest, und stellst sicher, dass du für alles Zeit hast. Wenn du um sechs Uhr aufstehst und um halb neun zur Arbeit gehen musst, solltest du deine Aktivitäten in diese zweieinhalb Stunden einteilen. Plane und organisiere dich, damit du weißt, was du wann tun musst. Je mehr Gedanken du dir morgens machen kannst, desto mehr schaffst du und kannst deine neue Routine einhalten.

Trink ein Glas Wasser

Stell dir vor, du hast einen Acht-Stunden-Tag hinter dir und trinkst kein einziges Getränk, nicht einmal ein Glas Wasser. Nun, wenn du jede Nacht genug Schlaf bekommst, ist es genau das, was dein Körper jede einzelne Nacht durchmacht. Sicher, du ruhst dich aus, aber dein Körper wird trotzdem dehydriert. Deshalb ist es wichtig, dass du dir jeden Morgen nach dem Aufwachen als Erstes ein Getränk holst.

Das hilft deinem Körper beim Aufwachen, versorgt dich mit Feuchtigkeit und hat weitere Vorteile, wie z.B. die Verbesserung deiner Verdauung und die Unterstützung deines Körpers beim Ausfiltern von Giftstoffen. Mach dir das Leben leichter, indem du ein Glas Wasser neben dein Bett stellst, damit du es gleich nach dem Aufwachen griffbereit hast. Damit nimmst du deinem Morgen wieder einmal das Denken ab und machst es dir stattdessen leicht, von positiven Gewohnheiten zu profitieren.

Iss etwas Gesundes

Schließlich willst du deine gesunden Gewohnheiten fortsetzen, indem du darauf achtest, dass du gesund trinkst und isst. Es ist leicht, sich morgens für etwas Leichtes zu entscheiden, wenn du keine Zeit hast, dich zu sortieren und noch müde bist, aber wenn du früh aufstehst und Zeit hast, kannst du dir mehr Mühe geben, was du isst.

Wenn ich auf dem Weg zur Arbeit war, holte ich mir etwas aus einem Café, das meist fettig und nicht ideal für meine Gesundheit oder mein Gewicht war, vor allem, wenn ich es jeden Tag aß. Nachdem ich mir eine Morgenroutine zugelegt hatte, konnte ich meine Ernährung in den Griff bekommen und meine allgemeine Gesundheit verbessern.

Zusammenfassend lässt sich sagen, dass eine Morgenroutine alles für dich verändern kann. Sie ist eine weitere Möglichkeit, die Geschehnisse in deinem Leben zu kontrollieren und proaktiv zu sein, um dich zu verbessern. Alle Studien und Untersuchungen zeigen, dass dies eine der besten Entscheidungen ist, die du in deinem Leben treffen kannst, um die beste Version von dir selbst zu werden, also sei dein eigener Beweis und probiere es aus!

METHODE 26

Arbeite an Gewohnheiten, die für dich sorgen werden

Um an das letzte Kapitel anzuknüpfen: Obwohl die Arbeit an einer Morgenroutine Wunder für dein Leben bewirken und deine allgemeine Ruhe und Zufriedenheit drastisch verbessern kann, ist dies nicht der einzige Bereich deines Lebens, in dem du Verbesserungen erzielen kannst. Deine Gewohnheiten und dein Lebensstil wirken sich auf alle Bereiche deines Lebens aus, und da du deine Handlungen und Entscheidungen am besten kontrollieren kannst, solltest du auch über diesen Bereich nachdenken.

Genau darum geht es in diesem Kapitel. Wir sprechen über die bewährten Methoden der Selbstfürsorge, der Selbstentwicklung und der Gewohnheiten, die du anwenden kannst, um auf dich aufzupassen. Wenn du dich um dich selbst kümmerst und dir die nötige Liebe und Aufmerksamkeit schenkst, wirst du dich in jeder Situation und bei jeder Erfahrung am besten fühlen. So wirst du die beste Version von dir selbst!

Ich werde dieses Kapitel so umsetzbar wie möglich gestalten, denn manches hast du schon gehört, manches brauchst du vielleicht zur Auffrischung, und manches ist ganz neu, also finde heraus, was dir gefällt und genieße, wie du dich dabei fühlst!

Rausgehen

Als Menschen sind wir mit der Natur auf eine surreale, instinktive Weise verbunden, aber dank der modernen Welt sind wir von ihr mehr denn je abgekoppelt. Hast du dich schon mal gefragt, warum wir natürliche Hintergrundbilder auf unseren Handys und Computern haben? Es ist dieses innere Verlangen, in der Natur zu sein. Tatsächlich hat die Wissenschaft schon oft bewiesen, dass du viel glücklicher bist, wenn du zumindest ein bisschen Zeit in der Natur verbringst, wann immer du kannst.

Die Wissenschaft zeigt, dass der Aufenthalt in der Natur dich glücklicher und friedlicher macht, Endorphine freisetzt und sogar deine Kreativität steigern kann. Fang einfach an und besuche eine Grünfläche. Selbst ein kurzer Spaziergang in deinem örtlichen Park reicht aus, um die Vorteile zu spüren. Du könntest auch draußen trainieren oder in der Sonne lesen.

Was auch immer du tust und wie auch immer du deine Zeit verbringst, der Trick ist, dass du versuchst, jeden Tag mindestens eine halbe Stunde in der Natur zu verbringen, wo du kannst.

Jeden Tag etwas Schönes erleben

Das Leben ist stumpfsinnig, wenn du nicht aktiv die Dinge in den

Vordergrund stellst, die dir Spaß machen. Es mag überraschen, aber eine der größten und bedeutendsten Veränderungen, die ich in meinem Leben vorgenommen habe, war, dass ich jeden Tag ein Lied hörte, das mir gefiel, und nichts anderes tat. Egal, ob ich in meinem Schlafzimmer stand, auf dem Sofa saß oder zur Arbeit ging, ich hörte das Lied, das mich gerade glücklich machte, und spürte sofort, wie das Lächeln auf meinem Gesicht erschien.

Was auch immer dir Spaß macht, ob Musik, ein YouTube-Künstler, Kunst, eine Zeitschrift, Fotografie oder etwas anderes, das dich zum Lächeln bringt, nimm dir jeden Tag Zeit, um es zu genießen. Sicherlich kann sich das, was du liebst, von Tag zu Tag oder von Monat zu Monat ändern, aber der Akt, in dem du dir sagst: "Ich liebe das, also erlaube ich mir, es zu genießen, egal was passiert", wird dich glücklich machen. Das ist der Prozess, in dem du dir buchstäblich Selbstliebe schenkst und dadurch glücklicher und gesünder wirst.

Gönne dir deine Releases

Manchmal spielt es keine Rolle, wie achtsam du bist, wie gut du deine Entscheidungen im Griff hast oder wie friedlich du deinen Alltag gestaltest. Manchmal ist die Welt einfach zu viel für dich und du findest dich an einem Ort wieder, an dem du Dampf ablassen musst. Vielleicht ist das der Punkt, auf den du gewartet hast, denn ja, manchmal musst du dir etwas gönnen, um wieder auf den richtigen Weg zu kommen.

Es gibt zwar gesündere Wege, mit Dingen umzugehen, als zu essen, zu schauen, auszugehen oder zu fluchen, aber manchmal musst du es einfach tun, um es loszuwerden und dich besser zu fühlen. Wenn du an einem Punkt in deinem Leben bist, an dem du etwas loslassen musst oder einen Tag frei brauchst, dann tu es. Du bist ein menschliches Wesen, keine Maschine.

Deine Gewohnheiten und dein Umgang mit dir selbst sind wichtig, aber das bedeutet nicht, dass du dich dabei unglücklich machen solltest. Wenn du ausgehen und eine ganze Pizza essen musst, dann tu es. Der Trick dabei ist allerdings, dass du es so machst, dass du die Kontrolle behältst. Das bedeutet, dass du dich wieder aufrappelst und so schnell wie möglich wieder in die Gewohnheit zurückkehrst.

Vergib dir selbst, dass du tun musst, was du tun musst, mach dich nicht selbst fertig und mach weiter.

Verbinde dich mit jemandem

Zwischenmenschliche Beziehungen sind alles, und wenn du sie genießt, fühlst du dich glücklich und vollständig. Beziehungen sind einer der besten Tipps zur Selbsthilfe, die du befolgen kannst. Auch wenn du introvertiert bist oder nicht viele Menschen in deinem Leben hast, kannst du tun, was du kannst und was für dich gut ist.

Vergiss nicht, dass körperlicher Kontakt ein wichtiger Teil der Beziehung ist. Es ist erwiesen, dass alles - vom Kuscheln oder Umarmen bis hin zum Geschlechtsverkehr - viele positive Auswirkungen auf die psychische und physische Gesundheit hat, die dir sehr gut tun werden. Natürlich sind das nicht in allen Situationen Optionen, aber es lohnt sich, darüber nachzudenken.

Auf eine Reise gehen

Es besteht kein Zweifel daran, dass Reisen gut für die Seele ist. Wenn du also schon eine Weile nicht mehr verreist bist, was bei den meisten Menschen seit der COVID-19-Pandemie mit Sicherheit der Fall ist, dann könnte es an der Zeit sein, ein paar andere Wände zu sehen und neue Orte zu erkunden, indem du eine Reise machst. Es ist sehr empfehlenswert, mindestens einmal im Jahr die Heimatstadt zu verlassen, vor allem, wenn du eine neue Kultur besuchst, denn so kannst du mit deiner Familie oder deinen Freunden Erinnerungen sammeln, deinen Horizont erweitern, dich neuen Perspektiven aussetzen und Spaß haben.

Und die Wissenschaft gibt uns zum Glück Recht. Studien zeigen, dass eine Reise deine Konzentrationsfähigkeit verbessern und wiederherstellen kann, deine Kreativität steigert, dein Risiko für Herzkrankheiten senkt und vieles mehr. Wenn du nach einer Ausrede gesucht hast, um wegzufahren, dann ist das genau das Richtige.

Das Leben kann hart sein. Für jeden ist es in verschiedenen Phasen schwer, aber das heißt nicht, dass man das Leben nicht genießen kann. Es gibt nichts Gutes ohne das Schlechte, kein Licht ohne die Dunkelheit, und du würdest nicht einmal wissen, wann das Leben gut ist, wenn du nicht die schwierigeren Zeiten zum Vergleich hättest. Wenn alles gut wäre, dann wäre das Leben nur durchschnittlich und fade.

Diese kleinen Gewohnheiten, die wir besprochen haben, laufen auf einen zentralen Punkt hinaus: Sei nett zu dir selbst. Das Problem mit Stress, Angst und Überdenken ist, dass du lernst, dich selbst zu hassen. Du hasst es, dass dein Verstand nicht die Klappe hält und dich nicht in

Ruhe lässt. Du wirst verbittert und ärgerst dich darüber, dass du nie glücklich bist, während der Rest der Welt in Saus und Braus zu leben scheint, und deshalb verfallen so viele von uns in ungesunde Gewohnheiten wie Schlafmangel, Rauchen, Trinken, Drogenkonsum und so weiter.

Tritt einen Schritt zurück und lerne, freundlich zu dir selbst zu sein, oder versuche zumindest, Dinge zu tun und dich an Aktivitäten zu beteiligen, die es dir ermöglichen, freundlich zu dir selbst zu sein. Wie jede andere Fähigkeit im Leben braucht es Zeit und ein bisschen Übung, aber du wirst schon bald die ersten Ergebnisse sehen.

Methode 27

Wahrhaftig im Moment leben

Und hier sind wir - im letzten Kapitel dieses Buches. Inzwischen hast du so ziemlich alles gelernt, was du wissen musst, um die beste Version deiner selbst zu werden oder zumindest die Version deiner selbst, die immer weiter wächst, egal was passiert. Es gibt jedoch noch eine wichtige Überlegung, die du anstellen musst - das uralte Sprichwort, von dem du zwar schon gehört hast, dessen Bedeutung dir aber vielleicht bis jetzt nicht bewusst war.

Das ist der Akt, im Moment zu leben.

Was kommt dir in den Sinn, wenn du an ein Leben im Augenblick denkst? Denkst du an Menschen, die Klippenspringen oder andere Adrenalinschübe suchen, oder an Menschen, die den Sprung wagen, weil sie glauben, dass wir alle nur einmal leben? Das Leben im Augenblick scheint mit dieser Art von Mentalität verbunden zu sein, aber obwohl diese Idee des Lebens im Augenblick nahe liegt, ist es die ganze Botschaft.

Wenn du in einem Zustand des Überdenkens, des Stresses oder der Angst bist, ist dein Kopf nicht im Moment. Entweder bedauerst du etwas, das passiert ist, oder du denkst zu viel über die Zukunft nach. In jedem Fall ist dein Geist nicht richtig da. Denke daran, wenn du eine

Panikattacke hast und die 5,4,3,2,1-Methode anwendest. Du tust, was du kannst, um deinen Geist in den gegenwärtigen Moment zurückzubringen.

Das ist es, was es bedeutet, wirklich im Moment zu leben. Es bedeutet, völlig frei von übermäßigem Nachdenken zu sein. Vielleicht ist das der Grund, warum die Menschen den Begriff mit einem Leben am Abgrund assoziieren. Denn du bist im Moment und denkst weder an die Konsequenzen noch an die Zukunft oder an das, was andere denken. Du bist einfach da, lebst aus reinem Instinkt und Glück und lässt dich treiben.

Zum Glück gibt es eigentlich keine neuen Maßnahmen oder Techniken, die du erlernen musst, die nicht schon in diesem Buch besprochen wurden. Ob du meditierst, deine Denkweise und Perspektive änderst, deine Entscheidungen kontrollierst oder auf dich selbst aufpasst - jede Technik in diesem Buch wird dich einen Schritt weiterbringen, um im Moment zu leben.

Wenn du jedoch etwas aus diesem Kapitel mitnehmen möchtest, und zwar das, was ich für einen großartigen Abschluss dieses Buches halte, dann ist es dies.

Du bist nicht deine Gedanken. Du bist der Wächter deiner Gedanken. Du bist dein Bewusstsein. Dein Verstand ist nur ein Werkzeug, so wie deine Hände und Füße Werkzeuge sind. Dein Verstand ist nur ein komplexes Werkzeug, das dazu dient, Probleme zu lösen und dich am Leben zu erhalten. Du bist nicht deine Vergangenheit und du bist auch nicht deine Zukunft.

Du bist du. Das einzige Du, das jemals existiert hat. Du warst noch nie nicht im gegenwärtigen Moment. Du hast weder gestern noch morgen gelebt, sondern immer im Jetzt. Das macht vielleicht nicht viel Sinn und es mag sich im Moment wie ein abstraktes Konzept anfühlen, aber erlaube dir, diese Worte zu verarbeiten. Wende die Lektionen in deinem Leben an. Wenn du dich das nächste Mal dabei ertappst, dass du zu viel nachdenkst, dich ängstlich oder traurig fühlst, nicht weißt, was du tun sollst, oder dich vor einem wichtigen Ereignis in deinem Leben fürchtest, dann denke daran, dass dies nur Gedanken sind.

Sie sind nicht du. Du bist einfach ein Wesen, das diese Gedanken erlebt.

Schlussgedanken

Puh. Das war eine riesige Menge an Informationen, aber jetzt sind wir am Ende der Reise angelangt. Nun ja, am Ende dieses Teils der Reise, aber mit den Informationen, die du in den vorherigen Kapiteln gelernt hast, kannst du mit Sicherheit sagen, dass deine Reise jetzt erst richtig losgeht. Ein letztes Mal, weil es so wichtig ist, daran zu denken, möchte ich sagen, dass diese Art von Selbstentwicklungsreise Zeit braucht.

Es braucht Zeit, um herauszufinden, was für dich funktioniert. Es braucht Zeit, um die Vergangenheit und alte Denkweisen loszulassen. Es braucht Zeit, die neue und wachsende Version von dir anzunehmen und sich an sie zu gewöhnen, und es braucht Zeit, bis sich deine neuen Gewohnheiten gebildet haben und sie sich eingebürgert haben. Sei nett zu dir selbst und vertraue dem Prozess. Deine Reise, egal wohin du gehst und was du tust, wird voller Höhen und Tiefen sein. Das ist nur der natürliche Fluss des Lebens.

Vergib dir selbst. Du wirst Fehler machen und von Zeit zu Zeit rückfällig werden. Du wirst Fehler machen und du wirst daraus lernen. Das ist in Ordnung. Es gibt keinen Grund zur Eile und keinen Grund zur Panik. Du machst mit jedem Schritt Fortschritte. Manchmal fühlt es sich an, als ob du rückwärts gehst, aber das ist nicht der Fall. Alles wird gut werden.

Und denk daran: Die Welt schuldet dir nichts, und niemand wird etwas für dich tun. Es liegt an dir, etwas zu ändern, aber zum Glück hast du bereits alles, was du jemals brauchen wirst, genau hier und jetzt. Du musst nur den ersten Schritt machen.

Ich hoffe, du hattest Spaß bei der Lektüre dieses Buches und konntest zumindest in einigen Punkten etwas Neues lernen. Ich weiß, dass du einige der Lektionen bereits kennst, aber ich hoffe, dass einige davon neu sind und du sie in deinem eigenen Leben anwenden kannst oder sie dich zumindest daran erinnern, was du tun musst.

Es hat mir sehr viel Spaß gemacht, dieses Buch zu schreiben, denn es war eine Zusammenfassung der letzten Jahre meines Lebens und all der Lektionen, die ich gelernt habe, und hat mir die Möglichkeit gegeben, darüber nachzudenken, an welchen anderen Bereichen ich noch arbeiten muss. Vor allem aber erlaubt es mir, mich als Schriftstellerin zu üben, und hilft mir, den Weg zu gehen, der mir den meisten Sinn gibt. Wenn du das Gefühl hast, dass dieses Buch dir etwas gegeben hat, dann würde ich mich freuen, von dir zu hören. Das kannst du tun, indem du mir eine Rezension hinterlässt, egal woher du das Buch hast. Ob positiv oder negativ, ich möchte hören, was du zu sagen hast, damit ich auf meinem Weg, die beste Autorin und Person zu werden, die ich sein kann, weitergehen kann.

In diesem Sinne hoffe ich, bald von dir zu hören, und wir sehen uns in der nächsten Ausgabe. Viel Spaß auf deiner Reise, und ich kann es kaum erwarten, dass du dich zu dem machst, zu dem du geboren wurdest. Jetzt geh und mach den ersten Schritt.

Dankeschön

Bevor du gehst, wollte ich dir noch dafür danken, dass du mein Buch gekauft hast.

Es gibt viele Bücher zum gleichen Thema, aber du hast die Chance ergriffen und dieses ausgewählt.

Also, danke, dass du mich ausgewählt hast und dieses Buch bis zum Ende gelesen hast.

Jetzt wollte ich dich um einen kleinen Gefallen bitten. **Könntest du dir überlegen, eine Rezension für das Buch zu schreiben?** Rezensionen sind der einfachste Weg, einen unabhängigen Autor wie mich zu unterstützen.

Dein Feedback wird mir helfen, weiterhin Bücher zu schreiben, die dir helfen, die gewünschten Ergebnisse zu erzielen. Wenn es dir also gefallen hat, lass es mich bitte wissen.

Referenzen

Adaa.org. 2021. *Facts & Statistics | Anxiety and Depression Association of America, ADAA.* [online] Available at: <https://adaa.org/understanding-anxiety/facts-statistics> [Accessed 11 August 2021].

APA PsycNet. (n.d.). Psycnet.apa.org. Retrieved August 11, 2021, from https://psycnet.apa.org/record/2010-10257-015

Citeseerx.ist.psu.edu. 2021. *Download Limit Exceeded.* [online] Available at: <http://citeseerx.ist.psu.edu/viewdoc/download?doi=10.1.1.913.3731&rep=rep1&type=pdf> [Accessed 11 August 2021].

Cregg, D. R., & Cheavens, J. S. (2020). Gratitude Interventions: Effective Self-help? A Meta-analysis of the Impact on Symptoms of Depression and Anxiety. *Journal of Happiness Studies.* https://doi.org/10.1007/s10902-020-00236-6

Cregg, D. R., & Cheavens, J. S. (2020). Gratitude Interventions: Effective Self-help? A Meta-analysis of the Impact on Symptoms of Depression and Anxiety. *Journal of Happiness Studies.* https://doi.org/10.1007/s10902-020-00236-6

Digitalcommons.odu.edu. 2021. [online] Available at: <https://digitalcommons.odu.edu/cgi/viewcontent.cgi?article=1054&context=chs_pubs> [Accessed 11 August 2021]

Free Yourself By "Letting Go" of What You Can't Control. (2011, July 10). You Have a Calling. https://youhaveacalling.com/emotional-health/free-yourself-by-letting-go-of-what-you-cant-control

Hall, J., 2021. *10 Ways To Help Others That Will Lead You To Success.* [online] Forbes. Available at: <https://www.forbes.com/sites/johnhall/2013/05/26/10-ways-to-help-others-that-will-lead-you-to-success/?sh=1ca04942bce8> [Accessed 11 August 2021].

Healthline. 2021. *Positive Self-Talk: Benefits and Techniques.* [online] Available at: <https://www.healthline.com/health/positive-self-talk#examples-of-positive-self--talk> [Accessed 11 August 2021].

How to Learn to Let Go of What You Can't Control. (2019, October 8). Lifehack. https://www.lifehack.org/847748/learn-to-let-go

Jennie Marie Battistin, L. and Jennie Marie Battistin, L., 2021. *5,4,3,2,1 Method to Reduce Anxiety — Hope Therapy Center.* [online] Hope Therapy Center. Available at: <https://www.hope-therapy-center.com/single-post/2016/04/06/54321-method-to-reduce-anxiety> [Accessed 11 August 2021].

KERA News. 2021. *How Overthinking Can Affect Mental And Physical Health.* [online] Available at: <https://www.keranews.org/health-science-tech/2019-07-12/how-overthinking-can-affect-mental-and-physical-health> [Accessed 11 August 2021].

Let Go of Control: How to Learn the Art of Surrender. (2015, March 27). Tiny Buddha. https://tinybuddha.com/blog/let-go-of-control-how-to-learn-the-art-of-surrender/

Marelisa. (2015, January 22). *Nine Morning Habits to Start the Day Right.* Daringtolivefully.com. https://daringtolivefully.com/morning-habits

Medbroadcast.com. 2021. *Lifestyle tips for managing anxiety - Mental Health - MedBroadcast.com.* [online] Available at: <https://www.medbroadcast.com/channel/mental-health/treating-anxiety/lifestyle-tips-for-managing-anxiety> [Accessed 11 August 2021].

Nami.org. 2021. *Mental Health By the Numbers | NAMI: National Alliance on Mental Illness.* [online] Available at: <https://nami.org/mhstats> [Accessed 11 August 2021].

Redwine, L. S., Henry, B. L., Pung, M. A., Wilson, K., Chinh, K., Knight, B., Jain, S., Rutledge, T., Greenberg, B., Maisel, A., & Mills, P. J. (2016). Pilot Randomized Study of a Gratitude Journaling Intervention on Heart Rate

Variability and Inflammatory Biomarkers in Patients With Stage B Heart Failure. *Psychosomatic Medicine*, *78*(6), 667–676. https://doi.org/10.1097/psy.0000000000000316

Salces-Cubero, I. M., Ramírez-Fernández, E., & Ortega-Martínez, A. R. (2018). Strengths in older adults: differential effect of savoring, gratitude and optimism on well-being. *Aging & Mental Health*, *23*(8), 1017–1024. https://doi.org/10.1080/13607863.2018.1471585

Schulze, A., 2021. *5 Easy Steps to Changing Your Thinking Using Cognitive Behavioral Therapy (CBT)*. [online] Groffandassociates.com. Available at: <https://groffandassociates.com/2017/10/12/5-easy-steps-to-changing-your-thinking-using-cognitive-behavioral-therapy-cbt/> [Accessed 11 August 2021].

Sleepfoundation.org. 2021. *Sleep Statistics - Facts and Data About Sleep 2020 | Sleep Foundation*. [online] Available at: <https://www.sleepfoundation.org/how-sleep-works/sleep-facts-statistics> [Accessed 11 August 2021].

Suttie, J. (2016, March 2). *How Nature Can Make You Kinder, Happier, and More Creative*. Greater Good. https://greatergood.berkeley.edu/article/item/how_nature_makes_you_kinder_happier_more_creative

Time. 2021. *Here's How Happy Americans Are Right Now*. [online] Available at: <https://time.com/4871720/how-happy-are-americans/> [Accessed 11 August 2021].

Uofmhealth.org. 2021. *Stress Management: Breathing Exercises for Relaxation | Michigan Medicine*. [online] Available at: <https://www.uofmhealth.org/health-library/uz2255> [Accessed 11 August 2021].

Uofmhealth.org. 2021. *Stress Management: Doing Progressive Muscle Relaxation | Michigan Medicine*. [online] Available at: <https://www.uofmhealth.org/health-library/uz2225> [Accessed 11 August 2021].

Urmc.rochester.edu. 2021. *5-4-3-2-1 Coping Technique for Anxiety*. [online] Available at: <https://www.urmc.rochester.edu/behavioral-health-partners/bhp-blog/april-2018/5-4-3-2-1-coping-technique-for-anxiety.aspx> [Accessed 11 August 2021].

WebMD. 2021. *Progressive Muscle Relaxation for Stress and Insomnia.* [online] Available at: <https://www.webmd.com/sleep-disorders/muscle-relaxation-for-stress-insomnia> [Accessed 11 August 2021].